W9-BNR-122

¡TRATO HECHO!

Workbook/Lab Manual

Combined Edition

Virginia Vigil

Austin Community College
Rio Grande Campus

with Stuart Smith

Austin Community College
Northridge Campus

Prentice Hall
Upper Saddle River, NJ 07458

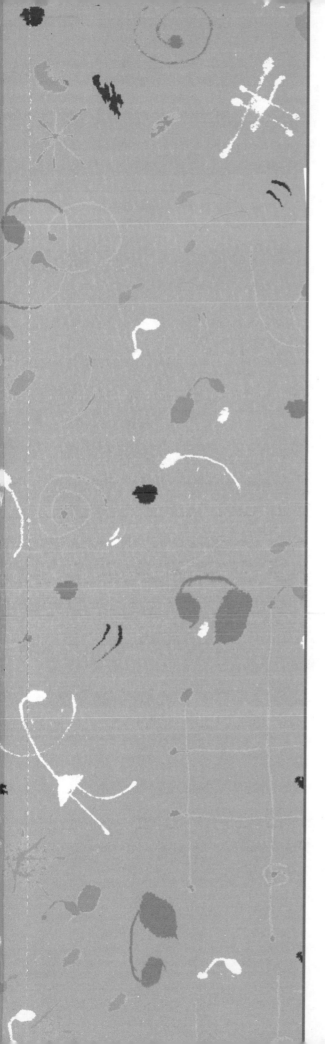

Executive Editor: *Laura McKenna*
Director of Development: *Marian Wassner*
Assistant Editor: *María F. García*
Project Editor: *Glenn Wilson*
Editorial Assistant: *Karen George*

Managing Editor: *Deborah Brennan*
Design & Page Layout: *Ximena de la Piedra*
Manufacturing Buyer: *Tricia Kenny*

©1996 by Prentice Hall, Inc.
A Simon &Schuster Company
Upper Saddle River, New Jersey 07458

All rights reserved. No part of this book may be reproduced, in any
 form or by any means, without permission in writing from the publisher.

Printed in the United States of America
10 9 8 7 6 5 4 3 2 1

ISBN   0-13-447012-5

Prentice Hall International (UK) Limited, *London*
Prentice Hall of Australia Pty. Limited, *Sydney*
Prentice Hall Canada Inc., *Toronto*
Prentice Hall Hispanoamericana, S.A., *México*
Prentice Hall of India Private Limited, *New Delhi*
Prentice Hall of Japan, Inc. *Tokyo*
Prentice Hall of Southeast Asia Pte. Ltd, *Singapore*
Editora Prentice Hall do Brasil, Ltda., *Rio de Janeiro*

Contents

Preface

To the student

The *Workbook/Lab Manual* to accompany *¡Trato hecho!* is comprised of two parts:

- the *Workbook* (consisting of writing activities)
- the *Lab Manual* (consisting of listening, speaking, and pronunciation activities) and *Video Manual* (consisting of video-viewing activities).

Both the *Workbook* and *Lab Manual* contain activities corresponding to *Lecciones* 1-5 and 7-11 of the textbook. There are no *Workbook* or *Lab Manual* activities corresponding to *Lecciones* 6 and 12, the two review lessons in the textbook. Instead, *Lecciones* 6 and 12 of the *Lab Manual* are in the form of a *Video Manual*, consisting of video-viewing activities that guide you through the *¡Trato hecho!* video as you review material from throughout each half of the textbook.

Workbook. The writing activities in each *Lección* of the *Workbook*, which will normally be assigned as out-of-class homework, will help you to practice the material in the corresponding *Lección* of the textbook. For each *Tema* of each *Lección* in the textbook, there are either two or four pages of activities in the *Workbook*, depending on the difficulty of the material presented. Each *Workbook Tema* is organized to cover the front and back of one or two pages, so that you may turn in the completed *Workbook* activities for each *Tema* to your instructor independently of the *Workbook* activities for other *Temas*.

The writing activities for each *Tema* begin with practice of new vocabulary and are followed by practice of new structures. Before you begin the *Workbook* section of a *Tema*, we recommend that you review the corresponding section of the vocabulary list at the end of the *Lección* in the textbook. You should also reread the explanations in the grammar modules for that *Tema*, checking your comprehension with the *Para averiguar* questions.

Lab Manual. The listening, speaking, and pronunciation activities in the *Lab Manual* correspond to material recorded on the *¡Trato hecho!* lab cassettes and may be done in a language lab/media center, as a class activity, or as homework. For each *Tema* of each *Lección* in the textbook, there are two pages of activities in the *Lab Manual*. Similar to the *Workbook*, each *Lab Manual Tema* is organized to cover the front and back of a single page, so that you may turn in your completed *Lab Manual* activities for each *Tema* to your instructor independently of the *Lab Manual* activities for other *Temas*.

Lab Manual activities are carefully sequenced to flow from simple activities (in which, for example, you indicate whether a statement is logical or illogical, or you circle a word or phrase) to more personalized and complex activities (in which, for example, you are asked to talk about yourself and express your opinions). Most of the dialogs in the vocabulary modules of each *Tema* of the textbook are recorded on the lab cassettes and are accompanied by comprehension activities in the *Lab Manual*. These dialogs comprise a continuing story throughout each *Lección*. We recommend that you listen to each dialog and complete the comprehension activities in the *Lab Manual* without referring to your textbook. However, after you have finished, you may wish to listen to the dialog again, with your textbook open, to check your work and practice your pronunciation.

You should always pay attention to pronunciation as you listen to the lab cassettes and do the corresponding activities. In addition, activities focusing specifically on pronunciation are included in *Lecciones* 1-11 of this *Lab Manual*. These activities will help you develop accurate and fluent Spanish. When doing the listening activities in the lab or alone, you should always feel free to stop the tape, if you need more time to respond, or rewind it and listen again for better comprehension or to practice pronunciation.

At times you will not understand everything you hear on the lab cassettes. Do not let that discourage or frustrate you: strive to understand what is needed to complete each task in the *Lab Manual*. You will find, as you progress through the *¡Trato hecho!* lab program, that you will understand more and more of the material on the cassettes.

Video Manual. The activities in *Lecciones* 6 and 12 of the *Lab Manual* will guide you as you view the video that accompanies the corresponding review lessons in your textbook. First, in the Preparación section of each *lección*, you will be asked to give your opinions and draw on your knowledge of life in Latin America. Then, you will complete a set of activities that accompanies each dialog in the corresponding review lesson of your textbook. Each set of activities concludes with a **Repase y actúe** exercise and a **Minidrama,** in both of which you will use what you have seen and what you have learned in *Lecciones* 1 through 5 and 7 through 11 to role-play situations paralleling those you have seen in the video.

Lección 1
En la universidad

Tema 1 • Los nombres y las clases

A. Saludos. Write the Spanish greeting you would say at the time shown in each illustration.

1. _____

2. _____   3. _____

B. ¿Cómo te llamas? You are introducing yourself to a classmate. Complete the conversation.

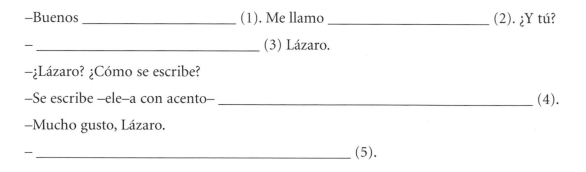

–Buenos _____ (1). Me llamo _____ (2). ¿Y tú?

–_____ (3) Lázaro.

–¿Lázaro? ¿Cómo se escribe?

–Se escribe –ele–a con acento– _____ (4).

–Mucho gusto, Lázaro.

–_____ (5).

C. ¿Cómo se llama? Now you are introducing yourself to one of your professors. On a separate sheet of paper, rewrite the conversation on page WB 1 to be appropriate for this situation. Be sure to use formal rather than familiar expressions.

D. Las clases. Write the names of these courses under the appropriate discipline. (The numbers in parentheses indicate how many courses you should name in each.) Then indicate the five courses you would most like to take by numbering them from one to five, with 1 indicating your first choice.

psicología	biología	español	física	administración de empresas
química	ruso	japonés	sociología	informática
ingeniería	alemán	contabilidad		

CIENCIAS (3)	LENGUAS (4)	CIENCIAS SOCIALES (2)	CURSOS TÉCNICOS Y PROFESIONALES (4)
_____	_____	_____	_____
_____	_____	_____	_____
_____	_____	_____	_____
_____	_____	_____	_____

E. Tú y yo. Complete each statement so that it is true for you. Then complete the corresponding question so that you could ask it of a classmate.

1. Me llamo _____. ¿Y tú? ¿Cómo _____?

2. Soy de _____. ¿Y tú? ¿De dónde _____?

3. Estudio _____. ¿Y tú? ¿Qué _____?

F. ¿Y el profesor/la profesora? Make up two questions you could ask your Spanish teacher about himself or herself. Remember to address your professor as **usted** rather than as **tú.**

1. _____

2. _____

G. ¿Y Ud.? On a separate sheet of paper, write a short paragraph about yourself. Give the following information:

- your name
- where you are from
- where and what you are studying

Tema 2 • Las presentaciones

A. ¿Cómo se dice? What would you say in these situations? Write the appropriate expression in Spanish.

1. You are introducing your best friend to a classmate.

   _____

2. You are introducing your best friend to your Spanish professor.

   _____

3. You are saying goodbye to a friend:

   whom you will see tomorrow.   with whom you will study later this evening.

   _____   _____

B. ¿Cómo estás hoy? A friend wants to know how you are today. Answer his/her questions with complete sentences in Spanish. Use **un poco** and **muy** when appropriate.

1. ¿Cómo estás hoy?   6. ¿Estás enfermo/a?

   _____   _____

2. ¿Estás bien?   7. ¿Estás ocupado/a?

   _____   _____

3. ¿Estás contento/a?   8. ¿Estás nervioso/a?

   _____   _____

4. ¿Estás triste?   9. ¿Estás aburrido/a?

   _____   _____

5. ¿Estás preocupado/a?   10. ¿Estás confundido/a?

   _____   _____

C. En la clase de español. A friend is talking to you about Spanish class. Complete what he says with **estoy, estás** or **está,** as appropriate.

Hoy (yo) _____ (1) bien. ¿Y tú? ¿Cómo _____ (2)? En la clase

de español a veces (sometimes) (yo) _____ (3) un poco confundido y

también a veces _____ (4) cansado. Pero la profesora no

_____ (5) cansada. ¿Y tú? ¿_____ (6) confundido/a

en la clase de español a veces? Y hoy después de clase (today after class)

¿_____ (tú) (7) ocupado/a?

D. Yo y los demás. Tell how you and people you know feel at various times, using a time expression from the left column, an adjective from one of the columns on the right, and the verb **estoy** or **está.** Be sure to use the correct form (masculine or feminine) of the adjective. Use **No tengo...** to say *I don't have (a)...*

MODELO: mi compañero de cuarto
Por la tarde mi compañero de cuarto está cansado. o
No tengo compañero de cuarto.

En la clase de español		
En este momento *(now)*	aburrido	cansado
Por la mañana	bien/mal/regular	preocupado
Por la noche	confundido	nervioso
Por la tarde	enfermo	contento
A veces	triste	ocupado
Siempre *(always)*		

1. mi compañero/a de cuarto _____

2. mi mejor amigo _____

3. mi mejor amiga _____

4. mi profesor/a de español _____

5. yo _____

6. mi novio/a _____

E. ¿Cómo están? Jorge and his sister Marta are direct opposites. Compare their feelings. Be sure to use the correct form (masculine or feminine) of the adjective.

MODELO: Jorge está bien.
Jorge está bien pero Marta no está bien. o
Jorge está bien pero Marta está mal.

1. Jorge está cansado _____

2. Marta está ocupada _____

3. Marta está contenta _____

4. Jorge está confundido _____

5. Marta está nerviosa _____

6. Jorge está preocupado _____

7. Marta está aburrida _____

8. Jorge está triste _____

Nombre _____ Fecha _____

Tema 3 • ¿Qué hora es? ¿Qué día es?

A. ¿Qué hora es? Write the time in Spanish.

MODELO: 1:25 p.m. Es la una y veinticinco de la tarde.
6:00 a.m. Son las seis de la mañana

1. 12:00 a.m. _____

2. 1:40 p.m. _____

3. 8:15 p.m. _____

4. 10:50 a.m. _____

5. 12:00 p.m. _____

6. 2:30 p.m. _____

7. 3:45 a.m. _____

8. 5:05 p.m. _____

B. Para comer. Look at the restaurant ads and complete the sentences that follow. Write out all numbers.

MODELO: La dirección del restaurante El Sabor Rico es la Avenida Universidad veinticinco.

EL RESTAURANTE EL SABOR RICO

1. Está abierto (open) los lunes, los martes, _____

   _____

2. No está abierto _____

3. Está abierto desde _____ hasta

   _____

4. La dirección es la _____

5. El teléfono es el _____

EL RESTAURANTE LOS TREVIÑO

1. Está abierto los martes, _____

_____

2. No está abierto _____

_____

3. Está abierto desde _____

_____

hasta _____

4. La dirección es la _____

5. El teléfono es el _____

EL RESTAURANTE HIDALGO

1. Está abierto los jueves, _____

_____

2. No está abierto _____

3. Está abierto desde _____

hasta _____

4. La dirección es la _____

5. El teléfono es el _____

C. El horario de Lázaro. Look at Lázaro's schedule on p. 18 of your textbook. Complete these sentences as he would, using appropriate day or time expressions.

1. Tengo clase los lunes, _____

_____

2. No tengo clase _____

3. Los lunes mi primera clase es a _____ y mi

última clase es a _____

4. Los lunes a _____ tengo mi clase de historia.

5. Los viernes tengo clase desde _____

hasta _____

D. Su horario. Using Lázaro's schedule as a model, create your own schedule, indicating when you have class and when you work. Then, in the space provided, write a short paragraph describing your typical week.

MODELO: *Los lunes no tengo clase pero trabajo desde las ocho hasta las tres...*

HORARIO 🕐	LUNES	MARTES	MIÉRCOLES	JUEVES	VIERNES	SÁBADO	DOMINGO
9:00							
10:00							
11:00							
12:00							
1:00							
2:00							
3:00							
4:00							
5:00							
6:00							
7:00							

_____

_____

_____

_____

_____

_____

E. Preguntas. A friend is curious about your schedule. Answer his/her questions in Spanish.

1. ¿Qué día es hoy?

_____

2. ¿Qué hora es?

_____

3. ¿Qué día es mañana?

_____

4. ¿Tienes clase mañana?

_____

5. ¿Cuántas clases tienes?

_____

6. ¿Qué días estás en clase?

_____

7. ¿A qué hora es tu primera clase los lunes? ¿Y los martes?

_____

_____

8. ¿Estás en clase los viernes?

_____

9. ¿Desde qué hora hasta qué hora estás en clase los miércoles? ¿Y los jueves?

_____

_____

10. ¿Qué día es tu programa de televisión favorita?

_____

11. ¿A qué hora?

_____

12. ¿Cómo se llama el programa?

_____

Tema 4 ● La clase

A. ¿Dónde está...? You have helped a friend move into a new home. He/she is not sure where you put certain items. Tell him/her whether the following items are in his/her room (**en tu cuarto**) or in the office (**en la oficina**). Be sure to use the correct form of the definite article (**el, los, la, las**). Use **está** for a singular item and **están** for plural items.

MODELO: libros
         Los libros están en la oficina.

1. computadora _____

2. escritorio_____

3. mesa _____

4. cama _____

5. lápices _____

6. sillas _____

B. En el salón de clase. On a separate sheet of paper, say whether or not the items listed in *Activity A* are found in your Spanish classroom. Use the appropriate form of the indefinite article (**un, una, unos, unas**).

MODELO: libros
         Hay (unos) libros en el salón de clase.

C. ¿Qué hay? List three or four things commonly found in the places indicated. Vary your lists as much as possible.

1. En mi cuarto hay _____

2. En el salón de clase hay _____

3. En una oficina hay _____

E. Por favor. List five things a Spanish instructor might tell his/her students to do.

MODELO: Vayan a la pizarra.

1. _____

2. _____

3. _____

4. _____

5. _____

E. Cosas que hacer. Rewrite each instruction below by replacing the italicized words with a logical selection from the options in the box. You may use words more than once, but try to vary your statements.

MODELO: Abra *el libro.*
          Abra la puerta.

la tarea	la ventana	la puerta	un lápiz
el libro	la respuesta	las palabras de vocabulario	la oración

1. Cierre *el libro.* _____

2. Escuche *los casetes.* _____

3. Saque *papel.* _____

4. Lea *la oración.* _____

5. Vaya *a la pizarra.* _____

6. Escriba *la oración.* _____

7. Haga *los ejercicios.* _____

F. Debes decir... A classmate is having difficulty with Spanish. What would you tell him/her to say to the instructor to get the help he/she needs?

MODELO: What do I say if I want the instructor to speak more slowly?
          Hable más despacio, por favor.

What do I say if...

1. I want the instructor to repeat something?

   _____

2. I didn't understand what the instructor said?

   _____

3. I want to see how a word is spelled?

   _____

4. I understand the question, but I don't know the answer?

   _____

5. I want to know how to pronounce a word?

   _____

Lección 2
Después de las clases

Tema 1 • La universidad y los amigos

A. ¿Cómo es su universidad? Answer these questions about your university or college with complete sentences in Spanish. If an item is not found at your school, say **No hay...**

1. ¿Son grandes los edificios? _____

2. ¿Es pequeña la biblioteca? _____

3. ¿Las residencias son feas o bonitas? _____

4. ¿Cómo es la comida en la cafetería? _____

B. ¿Le gusta...? Name six aspects of your university that you do or do not like and say why. Use **me gusta** and **no me gusta** to say that you like or do not like a singular item. Use **me gustan** or **no me gustan** to say that you like or do not like a plural item.

MODELO: Me gustan las residencias porque (because) son bonitas.

Me gusta... No me gusta...	la comida en la cafetería / la clase de _____ / el campus / la biblioteca

Me gustan... No me gustan...	las clases / los profesores / los estudiantes / los edificios / las residencias

1. _____

2. _____

3. _____

4. _____

5. _____

6. _____

C. Su universidad. Write a paragraph describing your university.

MODELO: Mi universidad es muy bonita. Hay muchos/as... Son...

_____

_____

_____

_____

_____

_____

_____

D. Nosotros todos. Indicate which adjective describes you more. Then form a question you could use to ask a) a female classmate and b) a male professor if the same adjective describes each of them.

MODELO: cómico / serio
      Soy más serio/a.   a) ¿Y tú? ¿Eres más seria?   b) ¿Y usted? ¿Es más serio? o
      Soy más cómico/a. a) ¿Y tú? ¿Eres más cómica? b) ¿Y usted? ¿Es más cómico?

1. tímido / extrovertido _____

a) _____

b) _____

2. atlético / intelectual _____

a) _____

b) _____

3. perezoso / trabajador _____

a) _____

b) _____

4. conservador / liberal _____

a) _____

b) _____

E. ¿Cómo son sus amigos? Write sentences describing the people indicated below.

MODELO: (Yo) soy (un poco / muy) serio/a y (un poco / muy) intelectual.

cómico	serio	simpático	egoísta	religioso	interesante
aburrido	inteligente	tonto	idealista	realista	rebelde
conformista	conservador	liberal	perezoso	trabajador	tímido
extrovertido	atlético	intelectual	generoso		

1. (Yo) _____

2. Mis amigos y yo, nosotros _____

3. Mi mejor amiga _____

4. Mi mejor amigo _____

5. Todos mis amigos _____

Tema 2 • Los pasatiempos

A. Actividades. How much do you like to do these things?

MODELO: Me gusta mucho salir con los amigos. o
              Me gusta un poco salir con los amigos. o No me gusta salir con los amigos.

1. _____

2. _____

3. _____

4. _____

5. _____

6. _____

7. _____

8. _____

9. _____

B. Invitaciones. Which activities pictured in *Activity A* would you like to do? Choose any six and decide when you would like to do them. Then invite a friend to do each one with you. Vary the way you extend the invitations, using **quieres** or **te gustaría.**

MODELO: ¿Quieres salir esta noche? o
          ¿Te gustaría salir esta noche?

esta noche	este fin de semana	hoy	después de clase
el lunes / el martes...	ahora *(now)*	mañana	

1. _____

2. _____

3. _____

4. _____

5. _____

6. _____

C. Lo siento. A friend is inviting you to do the things in *Activity B*. Although you might like to, you can't. Express your regret in each case and say what you have to do instead.

MODELO: Lo siento, no puedo salir ahora. Necesito estudiar.

No gracias, no puedo...	Tengo que...	...estudiar
Lo siento, no puedo...	Necesito...	...limpiar la casa
Me gustaría pero no puedo...	...ayudar en casa	...trabajar

1. _____

2. _____

3. _____

4. _____

5. _____

6. _____

Tema 3 • Los días de trabajo

A. ¿Qué le gustaría más? Which italicized option would you prefer in each situation?

MODELO: ir de compras a *una tienda de ropa* / *una tienda de música*
Me gustaría más ir de compras a una tienda de ropa. o
Me gustaría más ir de compras a una tienda de música.

1. trabajar *en una oficina* / *en una fábrica* / *en una escuela con los niños*

   _____

2. comer *en casa* / *en un restaurante* / *en la cafetería* / *en un bar* / *en un supermercado* esta noche

   _____

3. ir *al cine* / *al bar* / *al café* este fin de semana

   _____

4. trabajar *los fines de semana* / *todos los días menos los sábados y los domingos* / *veinte horas a la semana*

   _____

5. salir con los amigos *todos los días* / *a veces* / *todos los fines de semana* / *con frecuencia*

   _____

B. ¿Con qué frecuencia? How often do you do these things?

MODELO: limpiar la casa los fines de semana
Casi siempre limpio la casa los fines de semana. o
A veces limpio la casa los fines de semana.

(casi) siempre	(casi) nunca	a veces	todos los días (menos...)
todos los fines de semana	con frecuencia	veinte (treinta...) horas a la semana	

1. limpiar la casa los sábados por la mañana

   _____

2. lavar los platos después de la comida

   _____

3. mirar la televisión para descansar

   _____

4. hablar con los amigos después de clase

   _____

5. trabajar

_____

6. estudiar

_____

C. ¿Haces todo eso? You are interviewing a potential new roommate. Find out if he/she does the following.

MODELO: ayudar mucho en la casa
          ¿Ayudas mucho en la casa?

1. trabajar _____

2. ganar bastante dinero _____

3. lavar los platos _____

4. limpiar la casa _____

5. hablar mucho por teléfono _____

6. preparar la comida _____

D. Compañeros de cuarto. You have found the perfect roommate. How does he/she answer the questions in *Activity C?* Use one of the expressions of frequency given in the box in *Activity B* in each response.

MODELO: ¿Ayudas mucho en la casa?
          Sí, siempre ayudo en la casa.

1. _____

2. _____

3. _____

4. _____

5. _____

6. _____

E. Nos gusta... You and your roommate like to do things together. List six things you do together on weekends.

MODELO: *Miramos la televisión.*

escuchar...	bailar	estudiar	hablar...	tomar...
cantar	descansar	limpiar...	mirar...	

1. _____
2. _____
3. _____
4. _____
5. _____
6. _____

F. Todos nosotros. Indicate how often you and your friends do these activities. Use **No tengo...** to say *I don't have (a)...*

MODELO: mi novio(a) / mirar la televisión para descansar
A veces mi novio/a mira la televisión para descansar. o
Mi novio/a nunca mira la televisión para descansar. o
No tengo novio/a.

1. yo / regresar a casa después de la una de la mañana

_____

2. mi mejor amigo(a) / desear salir conmigo el sábado por la noche

_____

3. mis amigos y yo, nosotros / bailar los fines de semana

_____

4. mis amigos / tomar algo en el bar conmigo durante la semana

_____

5. mis amigos y yo / organizar una fiesta

_____

6. yo / invitar a mis amigos a mi casa los fines de semana

_____

7. mis amigos / descansar los sábados por la mañana

_____

8. mi novio(a) y yo / cantar en un bar

_____

9. mi mejor amigo(a) / estudiar conmigo

_____

10. yo / necesitar estudiar los fines de semana

_____

G. No es verdad. An employee is complaining to his boss. She disagrees with everything he says. Write her statements. Use the appropriate form of the verb for **Ud.** or **Uds.** as indicated.

MODELO: EL EMPLEADO *(the employee)*: No necesito trabajar este fin de semana.

LA JEFA *(the boss)*: Sí, Ud. necesita trabajar este fin de semana.

EL EMPLEADO: No gano bastante dinero.

LA JEFA: Sí, Ud. _____ (1)

EL EMPLEADO: No necesitamos trabajar tanto *(so much)*.

LA JEFA: Sí, Uds. _____ (2)

EL EMPLEADO: Nosotros siempre escuchamos a los clientes.

LA JEFA: Uds. nunca _____ (3)

EL EMPLEADO: Siempre ayudo a los clientes.

LA JEFA: Ud. nunca _____ (4)

Tema 4 ● Las preguntas

A. Hacemos planes. Lázaro and Silvia are making plans for Saturday. Silvia wants to go to a party. Look at the invitation and, based on Silvia's responses, determine what Lázaro asked.

1. –¿_____ quieres hacer el sábado?

   –Quiero ir a una fiesta.

2. –¿_____ es la fiesta?

   –En la casa de Susana.

3. –¿_____ es la fiesta?

   –A las ocho.

4. –¿_____ hay una fiesta?

   –Porque es el cumpleaños de un amigo.

5. –¿De _____ es el cumpleaños?

   –De Jaime.

¡UNA FIESTA!

Invitamos a todos...
el ___sábado 19 de noviembre___
a las ___8:00___
Nuestra dirección es:
___Susana Fuentes___
___Avenida de la Playa 25___
Teléfono ___9-42-36-93___

¡Vengan todos a celebrar el cumpleaños de Jaime Ortiz!

B. ¿Qué te gusta? Carlos comes across one of Silvia's cassettes and asks her about her taste in music. Complete his questions, using **cuál, cuáles** or **qué**.

1. ¿_____ es esto? ¿Es un casete de música?

2. ¿De _____ tipo de música es?

3. ¿_____ son tus grupos favoritos?

4. ¿_____ es tu canción favorita?

5. ¿De _____ tipo de música es?

6. ¿De _____ período es?

C. ¿Y tú? A friend wants to know about your preferences. Answer his/her questions in Spanish.

1. ¿Te gusta la música? _____

2. ¿Qué tipo de música te gusta? _____

3. ¿Quieres ir al cine esta noche? _____

4. ¿Qué tipo de película prefieres? _____

5. ¿Cuál es tu clase favorita? _____

6. ¿Cuántos estudiantes hay en esa *(that)* clase?_____

   _____

D. ¿Y Ud.? Answer these questions with complete sentences in Spanish.

1. ¿En qué universidad estudia Ud.?

   _____

2. ¿Estudia mucho?

   _____

3. ¿Dónde prefiere estudiar?

   _____

4. ¿Con quién estudia?

   _____

5. ¿Cuándo estudia?

   _____

6. ¿Por qué estudia español?

   _____

E. Preguntas y más preguntas. Carlos wants to know all about Silvia's job. Based on her answers, determine what he asked. Use a question word (**quién(es), qué, cuándo, de dónde, dónde, por qué, cómo, cuánto/a(s), cuál(es), a qué hora**) in each question.

MODELO: —¿Dónde trabajas?
         —En una oficina.

1. —¿_____
   —La oficina está cerca de la universidad.

2. —¿_____
   —Trabajo veinte horas a la semana.

3. —¿_____
   —Los lunes, los martes y los miércoles por la tarde.

4. —¿_____
   —Trabajo con Eduardo y Cristina Vigil.

5. —¿_____
   —Es interesante y me gusta bastante.

6. —¿_____
   —Me gusta porque gano bastante dinero.

Lección 3
La familia

Tema 1 ● La casa

A. ¿En qué lugar? Sort the following nouns according to the logical place for each one. Some items may belong in more than one place. The first one has been done as an example.

una flor	un coche	un sofá	un televisor	un árbol
una videocasetera	un armario	una mesa	un espejo	una planta
una cómoda	una cama	un estante	una alfombra	

1. el jardín   una flor _____

2. el dormitorio _____

3. la cocina _____

4. la sala _____

5. el garaje _____

B. En casa. Label as many rooms and items as you can in the house below.

1. _____   6. _____   11. _____   16. _____

2. _____   7. _____   12. _____   17. _____

3. _____   8. _____   13. _____   18. _____

4. _____   9. _____   14. _____   19. _____

5. _____   10. _____   15. _____   20. _____

C. ¿Dónde está? Giving as much detail as you can, tell where each item is located in the preceding illustration.

MODELO: las sillas
Las sillas están en el comedor, alrededor de la mesa.

1. las flores _____

2. el televisor _____

3. la estufa _____

4. el coche _____

5. el microondas _____

6. la piscina _____

D. Al contrario. The real estate agent who is selling your house is confused. Answer his/her questions using the opposite of the italicized words.

MODELO: La piscina está *a la derecha de* la casa, ¿verdad?
No, la piscina está a la izquierda de la casa.

1. El garaje está *detrás de* la casa, ¿verdad?

_____

2. ¿Las llaves *(keys)* están *debajo* de la mesa?

_____

3. ¿La piscina está *limpia*?

_____

4. ¿La casa está *cerrada*?

_____

5. ¿Las escuelas están *cerca de* la casa?

_____

6. ¿Ud. está *con alguien*?

_____

E. ¿Dónde vives? On a separate sheet of paper, write a paragraph describing where you live. Answer the following questions in your description, and add at least two other details.

- ¿En qué calle vive Ud.?
- ¿Vive en una casa, un apartamento o una residencia?
- ¿Cómo es su cuarto? ¿Le gusta?
- ¿Qué hay en su cuarto?
- ¿Qué necesita Ud. para su cuarto?

F. En clase. Use the words below to write affirmative or negative sentences that describe you and your Spanish class.

MODELO: estar (nosotros) / aburridos / en clase
Nosotros no estamos aburridos en clase.

1. estar (yo) / nervioso(a) / en clase

_____

2. estar (nosotros) / en clase / los viernes por la tarde

_____

3. el(la) profesor(a) / estar / en su oficina / después de clase

_____

4. los estudiantes / estar / ausentes (absent) / con frecuencia

_____

5. el salón de clase / estar / limpio

_____

G. Una presentación. Ramón is introducing his wife to an acquaintance. Complete their conversation with the correct form of **ser** or **estar.**

RAMÓN: Ésta _____ (1) mi esposa Alicia.

EL AMIGO: Mucho gusto. ¿Cómo _____ (2)?

ALICIA: Muy bien, gracias.

EL AMIGO: ¿_____ (3) Ud. de aquí?

ALICIA: Originalmente _____ (4) de Arizona pero ahora Ramón y yo vivimos con sus (his) padres.

EL AMIGO: Sus padres _____ (5) muy simpáticos. ¿Cómo _____ (6)?

RAMÓN: _____ (7) bien pero nosotros todos _____ (8) muy ocupados con la compañía.

EL AMIGO: Entonces Uds. trabajan con ellos.

RAMÓN: Sí, Alicia y yo _____ (9) arquitectos con su compañía.

H. Mucho gusto. A student you are meeting for the first time asks you the following questions. Write the correct form of **ser** or **estar** in the blank. Then answer each question.

1. Hola, ¿cómo _____ (tú)? _____

2. ¿_____ (tú) estudiante? _____

3. ¿Cuándo _____ tus clases? _____

4. ¿De dónde _____ ? _____

5. ¿Cómo _____ tu apartamento (casa, residencia)? _____

_____

6. ¿En qué calle _____ ? _____

I. Un apartamento. You are looking for a new apartment in Monterrey, Mexico. Write logical questions asking the manager the following:

1. how he/she is doing

_____

2. if he/she is busy

_____

3. where the apartment is

_____

4. what the apartment is like

_____

5. how much the rent is

_____

6. if the kitchen is big

_____

7. if the apartment is new

_____

8. if it is clean

_____

9. if it is available now

_____

Tema 2 • La familia

A. La familia de Alicia. Help Alicia label her family tree by writing in the correct name for each relationship.

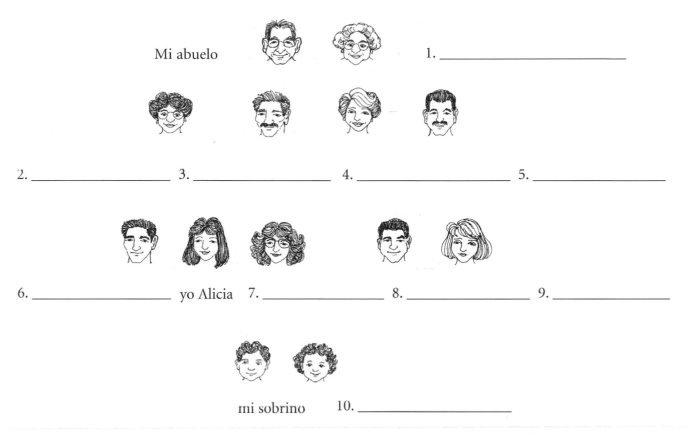

Mi abuelo

1. _____

2. _____ 3. _____ 4. _____ 5. _____

6. _____ yo Alicia 7. _____ 8. _____ 9. _____

mi sobrino 10. _____

B. Mi familia. Using Alicia's family tree as a guide, draw three generations of your family tree on a separate sheet of paper. Label relationships, including their names, then using the vocabulary on pages 86 and 87 of the textbook, describe what each person looks like.

C. ¿Tener o venir? Complete one sentence from each pair with the indicated form of **tener** and the other with **venir.**

1. _____ (yo) un padre muy ocupado. Casi nunca _____ (él) a mi apartamento.

2. _____ (nosotros) una ciudad bonita. Muchos turistas _____ aquí cada año.

3. _____ (ella) una hija enferma. El médico _____ a su casa.

4. ¿_____ (tú) una novia de México? ¿Por qué no _____ (Uds.) a comer a mi casa el sábado?

D. Nuestra universidad. Imagine what students attending the following university might say about their school. Use the correct form of **nuestro.**

MODELO:

MODELO: la biblioteca   Nuestra biblioteca es grande.

1. las residencias _____

2. la cafetería _____

3. los profesores _____

E. ¿Quién? Indicate which of your acquaintances or family members each statement describes.

MODELO: Su casa está en una calle muy bonita.
          La casa de mi amigo Daniel está en una calle muy bonita.

1. Sus padres son muy simpáticos.

_____

2. Su oficina está cerca de aquí.

_____

3. Hay muchas flores bonitas en su jardín.

_____

4. Su casa me gusta mucho.

_____

F. En otras palabras. Sometimes when speaking a foreign language you cannot remember a word or a verb form and you have to paraphrase. Rephrase the sentences with **tener** in the preceding exercise, using possessive adjectives followed by either **ser** or **estar.** The first one has been done as an example.

1. Mi padre está muy ocupado. _____

2. _____

3. _____

4. _____

G. Nuestra casa. On a separate sheet of paper, write a paragraph describing your family's house or apartment.

MODELO: Nuestra casa tiene tres dormitorios. El dormitorio de mis padres es grande...

Tema 3 • La vida diaria

A. Los compañeros de cuarto. You have just moved in with two new roommates. Here is what they say they do. Say whether you do the same.

MODELO: Hacemos viajes con frecuencia.
Yo también hago viajes con frecuencia. o
Yo casi nunca hago viajes.

1. Comemos mucha pizza.

   _____

2. Hacemos nuestra tarea en la mesa de la cocina.

   _____

3. Ponemos el televisor durante la cena.

   _____

4. Corremos tres kilómetros todos los días.

   _____

5. Leemos el periódico durante el desayuno.

   _____

6. Vemos muchos videos.

   _____

7. Asistimos a muchos conciertos de música clásica.

   _____

B. ¿Cuándo haces eso? A friend wants to know when you do each activity. Write a response to each question in the space provided.

1. ¿A qué hora sales para la universidad? _____

2. ¿Dónde comes? _____

3. ¿Haces ejercicio? ¿Cuándo? _____

4. ¿Lees el periódico todos los días? _____

5. ¿Cuándo haces tu tarea? _____

6. ¿Cuándo sales con tus amigos? _____

7. ¿Hasta qué hora duermes los fines de semana? _____

8. ¿Asistes a los partidos de fútbol? ¿Cuándo? _____

9. ¿Vas a la iglesia? ¿A qué hora? _____

C. ¿Qué tienen? Complete each sentence logically with the correct form of one of the expressions with tener on page 88 of your textbook.

1. Mi compañero de cuarto siempre sale de la casa a las 8:50 y tiene su primera clase a las 9:00.

   Siempre _____

2. Duermo porque _____

3. ¿Por qué no comen algo si _____ ?

4. No me gusta salir solo/a después de las once de la noche porque _____

   _____

5. Después de un partido de tenis nosotros siempre _____

D. Los fines de semana. Do you and your best friend do the following things together? First complete each question with the **Uds.** form of the logical verb from the list. Then answer the question.

MODELO: ¿Salen Uds. a bailar?
          Sí, casi siempre salimos a bailar los sábados. o
          Yo no salgo mucho a bailar pero mi amigo/a sale con frecuencia.

salir	asistir	ver	correr	comer	beber	hacer

1. ¿_____ Uds. a muchos conciertos?

   _____

2. ¿_____ muchos viajes?

   _____

3. ¿_____ muchas películas?

   _____

4. ¿_____ en el parque?

   _____

5. ¿_____ mucho alcohol?

   _____

6. ¿_____ en un restaurante con frecuencia?

E. No comprendemos. Gina and Tony are having difficulties in their Spanish class and have gone to talk to their professor. Complete their conversation logically with either the **nosotros, Uds.,** or **Ud.** form of one of the verbs from the list below. Use each verb only once.

escribir	leer	aprender	comprender	deber	oír	saber

GINA Y TONY: No _____ (1) qué hacer.

_____ (2) muy poco cuando usted.

habla español en clase.

EL PROFESOR: ¿_____ (3) todo el vocabulario?

GINA Y TONY: Sí, comprendemos cuando _____ (4) el libro o

cuando usted _____ (5) en la pizarra.

¿Qué _____ (6) hacer para comprender mejor cuando

_____ (7) español?

EL PROFESOR: Eso es normal. Es mucho más difícil comprender el español hablado que el

español escrito. Es importante aprender bien el vocabulario y practicar con otros

estudiantes. También necesitan tener paciencia.

F. ¿Saber o conocer? What do you know about your professor? Complete each statement with the **yo** form of **saber** or **conocer.**

MODELO: (No) Sé cuántos años tiene.

1. _____ a su familia.   5. _____ dónde vive.

2. _____ su coche.   6. _____ de dónde es.

3. _____ sus horas de oficina. 7. _____ si es casado/a.

4. _____ su número de teléfono. 8. _____ a todos sus

estudiantes.

G. No sé. Complete the following conversation with the indicated form of **saber** or **conocer.**

MARCO: ¿_____ (tú) (1) a la profesora Aguallo?

LETI: _____ (yo) (2) a todos los profesores de español.

MARCO: ¿_____ (tú) (3) si está en su oficina?

LETI: No _____ (yo) (4) ¿Por qué no la llamas?

MARCO: ¿_____ (tú) (5) su teléfono?

LETI: Sí, es el 67-45-96.

H. Un familiar. Write a description of a person you feel close to. It may be someone in your immediate family, a more distant relative, or a friend. Before you begin, organize yourself by writing all of the words you associate with that person in the categories below. Then, on a separate sheet of paper, write four paragraphs using the words you wrote.

Apariencia física

_____

_____

_____

_____

Personalidad

_____

_____

_____

_____

Actividades de un día típico

_____

_____

_____

_____

¿Qué le gusta hacer los fines de semana?

_____

_____

_____

_____

Tema 4 • Las actividades del momento

A. ¿Qué están haciendo? Tell what these people are doing. Then tell how often you do the same activity.

MODELO:

MODELO: Está leyendo el periódico. Yo leo el periódico a veces.

1. _____

2. _____

3. _____

4. _____

5. _____

6. _____

7. _____

B. ¿Qué estás haciendo? You call the following people and ask them what they are doing. Imagine their answers.

MODELO: Stephen King
              —¿Qué está Ud. haciendo, Sr. King?
              —Estoy escribiendo un libro de miedo.

1. Richard Simmons   — _____
                           — _____

2. el presidente   — _____
                           — _____

3. su mejor amigo/a   — _____
                           — _____

4. su madre   — _____
                           — _____

5. su profesor/a de español — _____
                           — _____

C. Expresiones negativas. Your child has reached the age where he/she says no to everything. How does he/she answer these questions?

MODELO: ¿Quieres comer algo?
              No, no quiero comer nada.

1. ¿Quieres tomar *Coca-Cola* o limonada? _____

2. ¿Con quién quieres jugar? _____

3. ¿Quieres hacer algo el domingo? _____

4. ¿Quieres ir a la iglesia también? _____

D. En mi casa. Answer the following questions with complete sentences.

1. ¿Hay alguien en su casa ahora?

_____

2. ¿Limpia Ud. su cuarto cada semana? ¿Y la cocina también?

_____

3. ¿Hay algo debajo de su cama?

_____

4. ¿Conoce Ud. a algunos de sus vecinos?

_____

Lección 4
Las diversiones

Tema 1 ● El tiempo libre

A. Cuando tengo tiempo libre... Write the activity in the space provided and indicate whether or not you like to do each activity in your free time.

En mi tiempo libre, me gusta…/no me gusta…

1. _____
   _____

2. _____
   _____

3. _____
   _____

4. _____
   _____

5. _____
   _____

B. ¿Qué haces? You and a classmate are discussing activities you enjoy during the weekend. Finish the conversation.

–Los sábados me gusta ir al gimnasio y levantar _____(1). ¿y tú?

–Yo prefiero ir al lago y hacer _____ (2). ¿Quieres ir con nosotros mañana?

–¡Cómo no! Por la noche podemos jugar _____(3).

–Ahora mismo voy _____ (4). Necesito un traje de baño

   para mañana. También necesitamos preparar algo de comer.

–Tú sabes _____ (5), ¿verdad? Espero que sí porque yo no sé

   nada de preparar la comida.

C. ¿Juegas bien? A classmate wants to know the following. Answer each question with a complete sentence.

1. ¿Qué deporte te gusta más, el béisbol o el fútbol americano?

   _____

2. ¿Quién es tu jugador de básquetbol favorito?

   _____

3. ¿Cuál prefieres, caminar o correr?

   _____

4. ¿Quién es tu jugador de tenis favorito?

   _____

5. ¿Cuándo haces ejercicio aeróbico?

   _____

D. Un día típico. Two classmates are talking over lunch. First read how one responds. Then write the questions the other asked.

MODELO: *—¿Qué deseas tomar?*
             —Quiero una limonada con mucho hielo.

1. —¿ _____?

   —Sí, almuerzo todos los días al mediodía.

2. —¿ _____?

   —No, no puedo tomar cerveza ahora; tengo que estudiar.

3. —¿ _____?

   —Después de almorzar, vuelvo a casa a las 2:00.

4. —¿ _____?

   —Claro que quiero ir a la biblioteca con Uds.

5. —¿ _____?

   —Creo que cierran la biblioteca a la medianoche.

E. Mi mejor amigo/a y yo. Answer these questions about yourself, or about you and your best friend. Write complete sentences.

MODELO: ¿preferir las películas de terror o las comedias?
Preferimos las comedias. o
Yo prefiero las películas de miedo pero él/ella prefiere las comedias.

1. ¿encontrar las matemáticas fáciles o difíciles?

   _____

2. ¿poder salir hasta tarde los miércoles?

   _____

3. ¿empezar el día tarde o temprano?

   _____

4. ¿querer aprender otra lengua?

   _____

5. ¿dormir más de nueve horas cada día?

   _____

6. ¿pensar que las lenguas son interesantes?

   _____

F. Hay mucho que hacer. Complete this paragraph about the rigors of school life with the correct form of the verbs in parentheses.

   Mis compañeros de clase y yo _____ (1. dormir) tres o cuatro

horas por noche. Nosotros _____ (2. preferir) descansar más,

pero no es posible. Todos nuestros profesores _____ (3. pensar) que tenemos

mucho tiempo libre; pero no es cierto. Algunos días yo no _____ (4. almorzar)

porque tengo tanto trabajo. Yo no _____ (5. encontrar)

bastantes horas en el día. Mi hermano siempre _____ (6. jugar) al

tenis con sus amigos los domingos, y yo _____ (7. querer) participar,

pero no _____ (8. poder). Mi amiga siempre _____ (9. decir)

que es importante descansar, pero yo _____ (10. pensar) que ahora

es más importante estudiar. Pobre de mí, nadie _____ (11. entender)

mi problema. Nosotros solamente _____ (12. pedir) compasión.

Creo que los profesores _____ (13. poder) dar menos tarea, pero

parece que ellos _____ (14. preferir) dar tanta tarea que los

pobres estudiantes no _____ (15. poder) hacerla toda.

G. **¿Cómo se dice?** Your friend from Colombia has just opened a new café. Write both roles of a conversation in which you ask for the following information.

- at what time the café opens and closes
- if you can eat lunch there
- at what time they start to serve lunch
- if he/she finds working at the café interesting
- if he/she wants to open more cafés
- if many customers *(clientes)* return frequently

_____

_____

_____

_____

_____

_____

_____

_____

_____

_____

_____

_____

_____

_____

Tema 2 • La vida diaria

A. La rutina. Complete these questions a classmate asks about your routine activities.

1. ¿A qué hora _____ (levantarse) tú?

2. ¿Generalmente, _____ (vestirse) tú antes del desayuno?

3. ¿A qué hora _____ (irse) tú del apartamento ?

4. ¿A qué hora _____ (acostarsc) tú?

B. ¿Cuándo lo hacen? Complete each statement with the activity that best fits each situation.

despertarse	bañarse	vestirse	enojarse	divertirse

1. A las 7:00 de la mañana, yo _____

2. Después de levantarmc, _____

3. Antes de salir de la casa, mi amiga _____

4. Cuando perdemos la tarea, _____

5. En una fiesta, tus amigos y tú _____

C. ¿Sc ven? Your ncw fricnd wants to know everything about you. Answer his/her questions using reciprocal reflexives.

MODELO: ¿Dónde se ven tú y tu novio/a?
         Nos vemos en el restaurante Chez Nous.

1. ¿Cuándo se llaman tú y tu familia?

   _____

2. ¿Por qué no se abrazan Uds. después de pelearse?

   _____

3. ¿Se ayudan tú y tus compañeros de clase con la tarea?

   _____

4. ¿Dónde se ven tú y tus compañeros de clase?

   _____

5. ¿Cuándo se hablan los estudiantes y los profesores?

   _____

D. Los recíprocos. Complete each statement with the best reciprocal verb for each situation.

1. Adela habla con Lola; y Lola habla con Adela.

   Ellas _____

2. Yo veo a los niños por la ventana; ellos pueden verme también.

   Nosotros _____

3. El novio abraza a la novia; ella abraza a su novio también.

   Ellos _____

4. Pablo se casa con Adela; y ella se casa con Pablo.

   Ellos _____

5. Tú quieres mucho a tu hermana; ella te quiere también.

   Uds. _____

E. Buenos amigos. Do you and your classmates do these things? Do you and your best friend do them? Write two statements for each activity.

MODELO: verse con frecuencia
   Sí, mis compañeros y yo nos vemos con frecuencia.
   Mi mejor amigo/a y yo nos vemos todos los días.

1. decirse todo

   _____

   _____

2. abrazarse con frecuencia

   _____

   _____

3. pelearse a veces

   _____

   _____

F. ¡Qué desastre! One of your classmates tells you how badly the day is going. Complete the account by writing the correct **yo** form of the reflexive verbs in parentheses.

Primero, esta mañana _____ (1. levantarse) tarde porque no oigo

el despertador *(alarm clock)*. Entonces _____ (2. bañarse)

sin ver que ya no tengo champú. Luego quiero _____ (3. vestirse)

rápidamente, pero no encuentro mi ropa. Bueno, no es tan importante. Cuando _____

_____ (4. calmarse) un poco, bajo *(I go down)* a desayunar,

pero no hay leche *(milk)* para el cereal. Sin desayunar, _____ (5. irse)

a la universidad para tomar el examen más difícil del semestre.

G. Te lo cuento. Copy the paragraph above changing the verbs you wrote in to the él or ella form. Then write another paragraph using three new reflexive verbs telling what your own day is like.

_____

_____

_____

_____

_____

_____

_____

_____

_____

_____

_____

_____

_____

_____

_____

_____

_____

_____

H. Dime. Answer the questions a classmate asks you while you are waiting for the instructor.

1. ¿Te sientes bien en esta clase?

_____

2. ¿Te pones nervioso/a cuando hay un examen?

_____

3. ¿Prefieres sentarte cerca del/de la profesor/a o lejos?

_____

4. ¿Qué haces para calmarte antes de los exámenes?

_____

I. Un evento inesperado. Complete the account about Alicia's day with reflexive verbs from the list. Make the appropriate changes.

quedarse	despertarse	ponerse
levantarse	calmarse	preocuparse
bañarse	sentarse	acostarse

Alicia _____ (1) a las 6:00 de la mañana, cuando oye la

música de la radio. Ella tiene sueño porque es temprano.

Pero_____ (2) y

_____ (3) con agua caliente (*hot*). Pobre Alicia quiere

_____ (4) otra vez, pero no es posible. Entonces ella

_____ (5) un poco porque hoy tiene que dar una

presentación en su clase más difícil y no está preparada. Cuando por fin baja de su cuarto a la

cocina, ella _____ (6) en su silla favorita cerca de la

ventana y _____ (7) un poco. Después de tomar un buen desayuno,

va a la universidad para estudiar. Cuando entra al salón de clase, _____ (8)

muy contenta porque aprende que no hay clase hoy. Esta tarde puede _____ (9)

en casa en vez de ir a la biblioteca.

Tema 3 • Los fines de semana

A. ¿Adónde va Ud.? Where would you go to do each activity?

¿Adónde va Ud. para...

1. ...escuchar tocar a una banda?

   Voy _____

2. ...tomar cerveza y escuchar música jazz?

   Voy _____

3. ...tomar el sol y nadar?

   Voy _____

4. ...meditar y pensar en cosas espirituales

   Voy _____

5. ...ver a tu equipo favorito de fútbol americano?

   Voy _____

B. ¿Qué puede hacer? Explain what you and others can do at each place.

1. En el centro comercial, yo _____

2. En el gimnasio, ellos _____

3. En un club, nosotros _____

4. En la fiesta, Uds. _____

5. En el cine, nosotros _____

C. ¡No! Write a complete sentence to express your disagreement with each of the following statements. Provide a logical alternative.

MODELO: Voy a la clase para dormir un poco.
         No, no voy a la clase para dormir; voy a la clase para aprender.

1. Vamos a la clase para tomar cerveza y comer hamburguesas.

   _____

   _____

2. Ellos van al parque para comprar ropa elegante para la fiesta.

   _____

   _____

3. Ramón va al lago para levantar pesas.

   _____

   _____

4. Nosotras vamos al concierto para estudiar español.

_____

_____

5. Ellos van a la fiesta para leer un libro.

_____

_____

D. Muchos sitios. Use the correct form of the verb **ir** to explain where the following people would go to do each activity.

1. Los niños _____ para jugar con su perro.

2. Nosotros _____ para almorzar y dormir la siesta.

3. Ud. _____ para tomar el examen.

4. Tú _____ para ver la película *Como agua para chocolate.*

5. Los jóvenes _____ para nadar y conocer a otros jóvenes

E. Damos... Complete the following statements with the correct form of the verb **dar.**

1. Mi amigo _____ buenas fiestas durante los fines de semana.

2. El perro _____ mucho cariño (*affection*) a su familia.

3. Los profesores _____ muchos exámenes cada semana.

4. Nosotros _____ buenos regalos de Navidad.

5. Tú _____ muchos problemas en clase.

6. Los novios _____ un paseo en el parque.

F. ¿Adónde? A new student wants to know more about life at your university. Answer his/her questions with complete sentences.

1. ¿Adónde puedes ir para jugar al béisbol?

_____

2. ¿Adónde van Uds. para almorzar y dormir la siesta?

_____

3. ¿Adónde puedes ir para ver películas en español?

_____

4. ¿Adónde van los estudiantes para hacer ejercicio en la universidad?

_____

5. ¿Adónde van los jóvenes para divertirse?

_____

Tema 4 • Los planes y las actividades

A. Sus planes. Indicate whether or not these people are going to do each activity by writing the correct form of the expression **ir a.**

1. En el verano mi familia _____ viajar a Sudamérica.

2. El próximo año nosotros _____ mudarnos.

3. El martes yo _____ quedarme en casa.

4. Mañana mis amigos _____ venir a mi casa para una fiesta.

5. La próxima semana tú _____ conocer a mis amigos.

B. ¿Cuándo va a hacerlo? Complete each statement by describing when the following events might take place. Choose from the expressions below.

MODELO: Ramón y Alicia van a limpiar la casa mañana por la tarde.

en diez años   en dos años   esta noche   este fin de semana   la próxima semana

1. Ramón y Alicia van a mudarse _____. Ramón va a pagarles a

   los hombres _____.

2. Los hombres van a pintar el baño _____ y _____

   _____ van a limpiar todo.

3. Voy a graduarme _____.

C. ¡Pides mucho! One of your roommates makes the following suggestions. Explain that each action has just recently been done or when that person plans to do it.

MODELO: Debes tener tu cuarto más limpio.
          Acabo de limpiar mi cuarto.
          Voy a limpiar mi cuarto el sábado.

1. Deben abrir la biblioteca más temprano.

   _____

2. ¿Por qué no lavas el coche ahora?

   _____

3. Lupe debe comprar más champú, ya no hay.

   _____

4. Debemos llevar la ropa a la lavandería *(laudromat).*

   _____

5. ¿Por qué no llama José Luis?

   _____

D. Hace poco que... Indicate that these people just did the following.

MODELO: mi hermana/comprar una casa
           Mi hermana acaba de comprar una casa.

1. mi primo/comparar un coche nuevo _____

2. mis abuelos/jubilarse _____

3. Carlitos/encontrar un nuevo trabajo _____

4. yo/recibir un aumento de sueldo _____

5. mi/tía/mudarse _____

E. Voy a hacerlo pronto. Your best friend wants to know when you plan to do these activities. Answer with complete sentences.

MODELO: ¿Cuándo vas a salir para México?
           Voy a salir para México la próxima semana. o
           No voy a salir para México.

1. ¿Cuándo vamos a vernos?

   _____

   _____

2. ¿Cuándo piensas lavarte el pelo?

   _____

   _____

3. ¿Cuándo vas a hablar con el profesor?

   _____

   _____

4. ¿Cuándo quieres ver la nueva película de Disney?

   _____

   _____

5. ¿Cuándo vamos a comprar un coche nuevo?

   _____

   _____

Lección 5
Una entrevista

Tema 1 • El tiempo y la fecha

A. Los meses. Complete the conversation between Pilar, a foreign-exchange student from Peru, and Heather, the youngest member of her American family.

HEATHER: Aquí en los Estados Unidos, los meses del otoño son _____ (1),

_____ (2) y noviembre.

PILAR: En el Perú, marzo, (3) y _____ (4) son los meses del otoño.

HEATHER: Mi estación favorita es la primavera durante los meses de _____ (5),

abril y _____ (6).

B. El invierno. Complete the conversation between Sra. López and the students in her Spanish class.

SRA. LÓPEZ: ¿Cuándo es el invierno en Argentina?

VÍCTOR: _____ (7), julio y _____ (8).

SRA. LÓPEZ: ¿Y en Norteamérica?

LUPE: _____ (9), _____ (10) y febrero.

C. ¿Qué tiempo hace? Complete your classmates' statements about the weather conditions that might cause them to take these actions.

1. En el verano, llevo sandalias porque hace _____.
2. Tengo que llevar impermeable y paraguas cuando _____.
3. Llevamos abrigo porque _____ y hace _____
4. Por la tarde hace _____ y caminamos por el parque.
5. En el invierno, llevamos un suéter cuando hace _____.
6. Cuando _____ en el invierno, podemos esquiar.
7. En el verano, es importante llevar gafas de sol porque hace _____.
8. Vamos a la playa cuando hace _____ para broncearnos (*get a tan*).

D. ¡Escoja! Match each date with the appropriate holiday.

___ 1. el primero de enero   a. el Día de los Muertos

___ 2. el cuatro de julio   b. La Fiesta de San Fermín

___ 3. el dos de noviembre   c. el Año Nuevo

___ 4. el siete de julio   d. La Independencia de Estados Unidos

E. Las fiestas. Complete the description of holiday celebrations found in a travel brochure.

Los mexicanoamericanos celebran el cinco de _____ (1) por la victoria contra Napoleón III en México. En Estados Unidos, la Independencia se celebra el 4 de

_____ (2) y en la Argentina la independencia es el 25 de

_____ (3). La Semana Santa en España se celebra en _____ (4) o en _____ (5).

F. La fecha. Write each date in Spanish. Spell out the date, month, and year.

MODELO: 26-1-68
el veintiséis de enero de mil novecientos sesenta y ocho.

13-3-45 _____

_____(1)

25-1-77 _____

_____(2)

16-19-96 _____

_____(3)

G. Viajar por los años. Imagine that you have discovered a way to travel through time. In Spanish, write the following years you are planning to visit.

1776 _____(1)

2001 _____(2)

1492 _____(3)

1963 _____(4)

1954 _____(5)

Tema 2 • La ropa y los colores

A. La ropa. Fill in the blanks according to the illustrations.

1. _____
2. _____
3. _____
4. _____
5. _____
6. _____

7. _____
8. _____
9. _____
10. _____
11. _____
12. _____

B. ¿En qué puedo servirle? You're out shopping for a new shirt. Complete the conversation you have with the salesperson.

DEPENDIENTE: ¿_____?

CLIENTE: Quisiera una camisa de algodón.

DEPENDIENTE: ¿_____?

CLIENTE: No quiero gastar más de veinte dólares.

DEPENDIENTE: ¿_____?

CLIENTE: Voy a pagar en efectivo.

C. ¿Este o ése? You and a friend are window shopping in the mall. Write complete sentences using the fragments provided. Make all necessary changes.

MODELO: quiero comprar/ese/chaqueta/pero/este/es/más/barato
Quiero comprar esa chaqueta pero ésta es más barata.

1. este/corbata/rojo/es/barato/pero/ese/es/caro

   _____

2. Me gusta/este/blusas/bonito/más que/aquel

   _____

3. quiero probarme/ese/zapatos; aquel/también/son/bonito

   _____

4. voy a comprar/este/botas/marrón/y/ese/negro/también

   _____

5. ¿?/te gusta/ese/suéteres/de lana/o/prefieres/este/de algodón

   _____

D. ¿Cuál quieres? You're shopping in a department store and can't decide which item of clothing you prefer. Answer the salesperson's questions according to the model.

MODELO: ¿Cuál prefiere, el vestido verde o el vestido azul?
Prefiero el verde.

1. ¿Prefiere la bolsa negra o la bolsa azul?

   _____

2. ¿Cuáles desea Ud. comprar, los zapatos blancos o los zapatos negros?

   _____

3. ¿Cuál desea Ud., el vestido de algodón o el vestido de seda?

   _____

4. ¿Le gusta más la chaqueta de lana o la chaqueta de cuero?

   _____

5. ¿Cuál le va mejor, la talla pequeña o la talla mediana?

   _____

Tema 3 • Un currículum vitae

A. Su currículum vitae. You're looking for a job to make extra money for a trip to Spain this summer. Complete this curriculum vitae to turn in with your application.

Datos Personales

Apellido: _____ (1)

Nombre: _____ (2)

Dirección: _____ (3)

Edad: _____ (4)

Fecha y lugar de nacimiento: _____ (5)

Estado Civil: _____ (6)

Educación

Secundaria: _____ (7)

Universitaria:

_____ (8)

Título: _____ (9)

Experiencia profesional

_____

_____ (10)

Intereses y pasatiempos

_____

_____ (11)

Referencias

_____

_____

_____ (12)

B. El trabajo. At a job interview, the personnel director wants to know about your work experience. Complete the dialog with jobs that make sense according to the conversation. Choose from the list provided.

abogado/a	enfermero/a	mesero/a	cajero/a
obrero/a	cantante	médico	secretario/a

JEFA DE PERSONAL: ¿Tiene Ud. experiencia en un restaurante?

USTED: Sí, cuando trabajé en el Restaurante La Reina, servía comida porque era

(was) _____ (1), y mi tío preparaba la comida; él era

el _____ (2).

JEFA DE PERSONAL: Parece que también tiene experiencia en una fábrica.

USTED: Sí, en el verano trabajé como _____ (3). El trabajo

manual es muy difícil pero aprendí mucho. Ahora trabajo en una tienda; soy

_____ (4) y aprendí a usar la caja

registradora *(cash register)*.

JEFA DE PERSONAL: Y ahora, ¿quiere trabajar para nuestra empresa?

USTED: Deseo el puesto de _____ (5) que se anuncia en

el periódico. Puedo contestar el teléfono y escribir a máquina.

C. ¿Dónde trabajan? Your classmate is describing the jobs of different friends and family members. Write a complete sentence to indicate what each one does.

1. Mi amiga, Olga, es programadora de computadoras.

   _____

2. Mi vecino *(neighbor)* es dependiente.

   _____

3. Mi hermana es psiquiatra.

   _____

4. Mi padre es un actor famoso.

   _____

5. Mi mejor amigo es médico.

   _____

D. ¡Sorpresa! Consuelo writes in her diary every night before going to bed. Complete the following entry concerning her unusual day.

Esta mañana _____ (1. levantarme) tarde porque anoche

_____ (2. acostarme) después de las doce.

No _____ (3. dormirme) hasta las dos de la mañana. ¡Qué horror!

_____ (4. comer) el desayuno en mi coche y _____ (5. ir)

a mi clase en la universidad. Al entrar al salón de clase, _____ (6. darme)

cuenta que mi novio, Julio estaba *(was)* allí. ¡Julio me _____ (7. dar) un anillo de

compromiso *(engagement ring)*! Mis compañeros de clase estaban sorprendidos también.

Entonces nosotros _____ (8. ir) a un restaurante romántico para cenar

y hablar. _____ (9. ser) un día fantástico. Toda la tarde _____

_____ (10. quedarnos) en el parque porque Julio y yo teníamos *(had)*

que hacer planes.

E. ¿Cuándo lo hiciste? Your roommate is nosy and asks a lot of questions about your activities. Answer each question using an expression from the list. Use each expression only once.

ayer   anoche   el mes pasado   anteayer   hace mucho tiempo

1. ¿Cuándo escribiste una carta?

_____

2. ¿Cuándo bailaste en la discoteca?

_____

3. ¿Cuándo saliste con los amigos?

_____

4. ¿Cuándo fuiste a la biblioteca?

_____

5. ¿Cuándo comiste en un restaurante?

_____

F. ¿Qué hizo? Your roommate tells you that he/she did these things. Write sentences indicating whether or not the people in parentheses did the same things.

1. Ayer jugué al béisbol con mis hijos. (Víctor)

   _____

2. Anoche leí una novela de misterio. (ellos)

   _____

3. La semana pasada hice ejercicio en el gimnasio. (Uds.)

   _____

4. Anteayer pagué cien dólares por la cena en un restaurante caro. (nosotros)

   _____

5. Esta mañana desayuné a las seis y media. (mi compañero/a)

   _____

G. Mi familia. Think of a recent weekend or vacation you spent with your family or friends. Where did you go? What did you do? What happened? Write a brief paragraph describing the occasion. Choose verbs from the list or use others if you wish.

creer	leer	oír	empezar	organizar
jugar	bailar	ir	salir	practicar

_____

_____

_____

_____

_____

_____

_____

_____

_____

_____

_____

Tema 4 • El día de ayer

A. La entrevista. These illustrations show what Olga did during her first interview. Complete each statement according to the illustration.

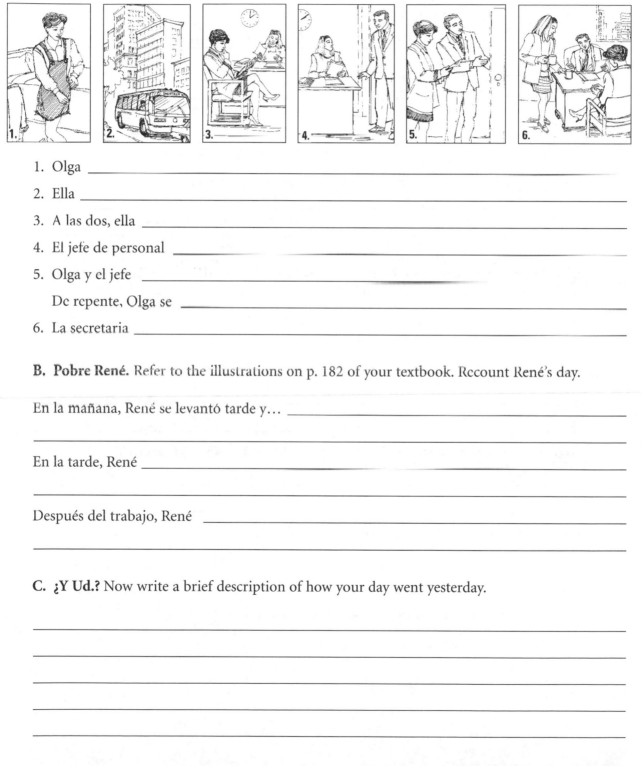

1. Olga _____

2. Ella _____

3. A las dos, ella _____

4. El jefe de personal _____

5. Olga y el jefe _____

   De repente, Olga se _____

6. La secretaria _____

B. Pobre René. Refer to the illustrations on p. 182 of your textbook. Recount René's day.

En la mañana, René se levantó tarde y... _____

_____

En la tarde, René _____

_____

Después del trabajo, René _____

_____

C. ¿Y Ud.? Now write a brief description of how your day went yesterday.

_____

_____

_____

_____

_____

D. ¿Dónde estuvieron? Everyone was somewhere else last weekend. Write complete sentences describing each person's activities. Make all necessary changes.

1. yo/asistir/concierto/con/amigo

   _____

   _____

2. mis amigos/ir/cine/y/ver/película

   _____

   _____

3. mi compañero de clase/venir/a/biblioteca/porque/querer/estudiar

   _____

   _____

4. el profesor/tener que/trabajar/todo/día

   _____

   _____

E. ¡No es cierto! Your classmate is always telling little fibs. Contradict his/her assertions and insist that someone else (or no one) did what he/she claims to have done.

MODELO: Anoche traje toda la comida a la fiesta. (tu madre)
           ¡No es cierto! Tu madre trajo la comida.

1. Anoche tuve que lavar todos los platos. (tu hermano)

   _____

   _____

2. Yo dije que Magallanes exploró la costa de la Argentina en 1520. (nosotros)

   _____

   _____

3. Anoche hice ejercicio después de las doce. (nadie)

   _____

   _____

4. Yo dije que Juan Perón nacionalizó la industria argentina. (tu madre)

   _____

   _____

F. ¿Cuántas veces? Indicate how often you and others did the following activities last month.

muchas veces   nunca   una vez   casi nunca   algunas veces

1. ir al médico

   Yo_____

2. traer bebidas a la clase

   Nosotros _____

3. hacer algo interesante

   Tú _____

4. Escuchar música muy tarde por la noche.

   Ella_____

5. ir al cine

   Ellos_____

G. El misterio. Your teenage niece is very shy. She recalls a mysterious stranger she saw in an unlikely place. Is it truth or fantasy? Fill in the blanks and decide for yourself.

Cuando yo _____ (1. ir) al supermercado anoche a las once, _____

(2. encontrar) a una persona muy interesante. Él no_____ (3. poder)

verme porque yo estaba detrás (behind) de la fruta. Yo sabía que no compraba comida muy

seguido porque él _____ (5. tener) que pedirles ayuda a todos los empleados.

Yo _____(5. querer) hablar con él, pero (yo)

_____ (6. ponerme) nerviosa; no _____(7. poder)

hablarle. Al fin, cuando nosotros _____(8. llegar) a la cajera; ella sí

_____ (10. poder) hablar con él. Nosostras _____ (11. darnos)

cuenta que era el príncipe de Mónaco. El estabade vacaciones en California y _____

(12. decidir) aprender cómo era la vida típica norteamericana.

H. Un día interesante. Create logical sentences describing what you and others did in class last week.

Yo		poder practicar	del examen a último momento
Mi amiga	(no)	querer estudiar	la lección durante la clase
Nosotros		conocer	a un nuevo alumno
La profesora		saber	porque perdí mi libro

_____

_____

_____

_____

_____

_____

_____

_____

_____

Lección 7
Los recuerdos

Tema 1 • La niñez

A. La juventud. You are reminiscing with a friend about your childhood. Complete each statement with a logical word or expression.

1. De niño/a (yo) vivía en _____

2. Para divertirme, me gustaba _____

3. Siempre jugaba al _____

4. Mi familia yo íbamos a _____

5. Yo tenía _____

6. Siempre obedecía a _____

B. Las montañas. Your father is recounting what life was like when he was a small child. Complete his description with correct imperfect form of an appropriate verb from the list below. (Some verbs are used twice.)

gustar	tener	ser	dar
jugar	escuchar	tocar	ser
vivir	mirar	leer	hacer

Cuando yo _____ (1) cinco años, nuestra familia _____ (2) con mi abuelo en las montañas. No (3) muchos amigos allí. Mi padre y mi hermano mayor _____ (4) la guitarra, y a veces por la noche yo _____ (5) la radio. Mi familia y yo no _____ (6) la televisión porque en esos días nos (7) jugar a los deportes o caminar por las montañas. Mi madre _____ (8) muchos libros mientras mi padre y mi abuelo _____ (9) al ajedréz. La vida (10) muy diferente en mi niñez. Mis abuelos _____ (11) muchas cosas juntos. A veces ellos _____ (12) un paseo por la tarde y _____ (13) de todo su día. _____ (14) muy bonito.

C. En ese entonces. What was your life like when you were younger? Answer these questions with complete sentences. You may use the vocabulary in parentheses or your own words.

Cuando Ud. era más joven…
1. ¿Cómo era? (rebelde, obediente, tímido,…)

_____

2. ¿Qué deportes le gustaban? (básquetbol, vólibol, béisbol,…)

_____

3. ¿Qué instrumentos podía Ud. tocar? (el tambor, el clarinete, ninguno,…)

_____

4. ¿Cómo se llamaba su mejor amigo/a? ¿Cómo era?

_____

5. ¿Dónde vivía? ¿En qué calle?

_____

D. Así era entonces. Who in your family or neighborhood did these things when you were little?

1. hablar mucho por teléfono

_____

2. perder la paciencia

_____

3. leer el periódico

_____

4. sacar buenas notas

_____

5. ser muy serio/a

_____

6. jugar con los amigos

_____

Nombre _____ Fecha _____

Tema 2 • Las costumbres

A. ¿Cuándo? Write complete sentences to indicate when you think these activities usually take place.

MODELO: poner el aire acondicionado
          Se pone el aire acondicionado cuando hace calor.

1. comprar zapatos nuevos

   _____

2. poner la calefacción

   _____

3. celebrar con los amigos

   _____

4. ir al médico

   _____

5. lavar los platos

   _____

B. En aquella época. You disagree with your siblings as you recall what life was like when you were children. State what you think it was really like.

MODELO: Uno se divertía más en la escuela.
          No, creo que uno se divertía más en casa.

1. Se trabajaba todos los fines de semana.

   _____

2. Se comía bien en casa.

   _____

3. Se podía correr y jugar al fútbol en la casa.

   _____

4. Se vivía bien cuando no había televisión.

   _____

5. Uno se preocupaba mucho por el dinero.

   _____

6. Se pasaba más tiempo con los amigos.

   _____

C. ¿Qué se hace? Write what people generally do in each situation.

MODELO: En una fiesta… (bailar)
             En una fiesta se baila con los amigos.

1. En la cocina… (preparar)

_____

2. En la biblioteca… (estudiar)

_____

3. En el cine… (ver)

_____

4. En la oficina… (trabajar)

_____

5. En un buen restaurante… (comer)

_____

D. ¿Cómo se puede… ? What might your best friend suggest be done to accomplish the following?

MODELO: Para no tener tanto estrés.
             Se debe descansar más.
             Se debe hacer ejercicio.

Para…

1. estar de buena salud

_____

2. vivir muchos años

_____

3. bajar de peso

_____

4. sacar buenas notas

_____

5. divertirse este fin de semana

_____

Tema 3 • Los grandes momentos de la vida

A. La vida sentimental. Using these questions and any others you can think up, interview a classmate, your roommate or a friend about his/her personal life. Write the answers in the form of a short a paragraph.

¿Tienes novio/a u otra persona especial en tu vida? ¿Cómo se llama? ¿Quieres casarte algún día?

¿Cómo va a ser la ceremonia? ¿Va a ser una boda tradicional, u otro tipo de celebración?

¿Dónde quieres pasar la luna de miel?

_____

_____

_____

_____

_____

_____

_____

_____

_____

_____

_____

_____

B. Sus padres. Answer these questions about your parents.

1. ¿Cuántos años tenían cuando se casaron? ¿cuando Ud. nació?

_____

2. ¿Dónde se conocieron? ¿Cuánto tiempo duró el noviazgo?

_____

3. ¿Dónde celebraron la boda? ¿Fue una celebración grande?

_____

4. ¿Dónde pasaron la luna de miel?

_____

5. ¿Están todavía casados o se divorciaron? ¿Cuándo?

_____

C. La vida. What are the important events in life? Complete each definition by writing in the appropriate word.

1. La unión legal de dos personas es el _____

2. La ceremonia donde dos personas se casan es la _____

3. El fin de la vida resulta en _____

4. La disolución de un matrimonio es un _____

5. El período de ser novios es el _____

D. El primer día. What was the first day of classes like? Reconstruct these fragmented sentences, making all necessary changes.

MODELO: hacer / sol / cuando / salir / para / universidad
          Hacía mucho sol cuando salí para la universidad.

1. hacer / calor / cuando / llegar / clase

   _____

2. haber / mucho / estudiante / clase

   _____

3. profesor / hablar / cuando / entrar / clase

   _____

4. después / clase / tener / hambre / y / ir / cafetería

   _____

5. estar / cansado / cuando / salir / clase

   _____

E. La siesta. Your best friend is describing what happened one day last summer. Circle the correct preterite or imperfect form of each verb.

El martes por la tarde, yo (1. estaba / estuve) tan cansado cuando (2. regresaba / regresé) de mis clases, que me (3. dormía / dormí) en el sofá. Ya (4. eran / fueron) las 8:00 cuando me (5. levantaba / levanté) y (6. tenía / tuve) una clase a las 8:30. Rápidamente (7. iba / fui) a la cocina y (8. preparaba / preparé) el café porque (9. tenía / tuve) mucha prisa. (10. Quería / Quise) desayunar temprano para leer el periódico y tomar capuccino, pero no (11. podía / pude) comer tranquilamente porque ya (12. iba / fue) tarde a mi clase de verano. Después de salir de la casa, (13. corría / corrí) a la parada de autobús. No (14. había / hubo) nadie en la calle y (parecía / pareció) que el sol estaba por bajar. ¡Qué barbaridad! No (15. eran / fueron) las 8:00 de la mañana, (16. eran / fueron) las 8:00 de la tarde. Solamente (17. dormía / dormí) por dos horas y yo (18. pensaba / pensé) que ya (19. era / fue) el próximo día. (20. Volvía / Volví) a casa y (21. miraba / miré) la tele un rato antes de acostarme.

F. El abuelito. Your grandfather loves to tell stories about his childhood. Complete his story by writing the correct preterite or imperfect form of each verb.

Recerdo que cuando yo _____ (1. tener) 4 o 5 años nosotros

_____ (2. vivir) en una casita en Miami. Un día mi mamá y yo

_____ (3. salir) al parque. Yo _____ (4. encontrar) a muchos

otros niños. Nosotros_____ (5. jugar) con mis carritos mientras mi

mamá_____ (6. escribir) una carta. De repente, yo no _____ (7.

poder) ver el sol; parecía noche. Nosotros no _____ (8. entender) lo que

_____ (9. pasar). Mamá nos explicó que _____ (10. ser) un eclipse.

G. ¿Qué ocurría? Complete these statements logically to indicate what was going on around you when you did the following things.

MODELO: Cuando desayuné…
           Cuando desayuné, mi compañero de cuarto dormía.

1. Cuando lavé los platos…

_____

2. Cuando fui a la biblioteca…

_____

3. Cuando tomé un café…

_____

4. Cuando llegué a mi clase…

_____

H. ¿Qué pasó mientras… ? Complete these statements logically to indicate what happenend while you were doing the following things.

MODELO: …mientras preparaba el almuerzo.
           Tú me llamaste mientras preparaba el almuerzo.

1. …mientras veía la película.

_____

2. … mientras caminaba a la universidad.

_____

3. ... mientras hablaba por teléfono.

_____

4. ... mientras dormía la siesta.

_____

I. La Caperucita Roja. Complete the following version of "Little Red Riding Hood" by choosing the correct form of the verb in parentheses.

Érase una vez una muchacha a quien todo el pueblo (1. llamaba / llamó) Caperucita Roja porque siempre (2. andaba / anduvo) con la capa (cape) que su abuela le (3. regalaba / regaló) una Navidad. Un día la mamá de la muchacha le (4. preguntaba / preguntó), "¿Por qué no vas a visitar con más frecuencia a tu abuelita?" y le (5. decía / dijo) "Llévale estos pasteles que (6. hacía / hice) esta mañana. Pero no pases por el bosque (forest) sino por el pueblo. El bosque es muy peligroso." La Caperucita Roja se (7. ponía / puso) la capa y (8. salía / salió) para la casa de su abuelita. (9. Caminaba / caminó) hacia el pueblo cuando (10. veía / vio) un sendero (path) que (11. llevaba / llevó) al bosque. No (11. recordaba / recordó) la advertencia (warning) de su mamá y (12. pensaba / pensó) que caminando por el bosque (13. podía / pudo) llegar más directamente a la casa de su abuelita. Entonces, (14. entraba / entró) al bosque con los pasteles de su mamá, y después de caminar mucho tiempo, (15. se daba / se dio) cuenta de que (16. estaba / estuvo) perdida.

J. Termínelo Ud. Now finish the story as you remember it, or if you wish, vary the ending and invent a new and interesting outcome. Remember to retell a sequence of events using the preterite and describe background information using the imperfect.

Nombre _____ Fecha _____

Tema 4 • Los cuentos

A. Puerto Rico. Use the following sentence fragments to write a paragraph recounting the history of Ruerto Rico.

Cristóbal Colón / llegar / Puerto Rico / cuando / viajar / Nuevo Mundo
indios / en / isla / llamarse / taínos / tener / cultura / avanzada
Ponce de León / explorar / isla / 1509 / ser / gobernador
Inglaterra / tratar de / conquistar / Puerto Rico / pero / no / poder
Puerto Rico / desear / independecia / España
España / ceder / Puerto Rico / Estados Unidos / 1898
1917 / puertorriqueños / recebir / nacionalidad estadounidense
El Estado Asociado / Puerto Rico / nacer / 25 / julio / 1952

_____
_____
_____
_____
_____
_____
_____
_____
_____
_____
_____

B. La Malinche. The following legend is well known in Mexico and the American Southwest. Change each verb in parentheses to either the preterite or imperfect, as appropriate.

Todos _____ (1. llegar) de los pueblos lejos y cercanos porque la princesita

mexicana, hija de un cacique importante _____ (2. estar) muerta. Ellos no

_____ (3. saber) que la princesa _____ (4. estar) en

realidad lejos de allí en Tabasco; ella _____ (5. estar) viva. Solamente el cacique y

su esposa _____ (6. saber) la verdad. La niña no _____ (7. ser) su

verdadera hija. Ellos _____ (8. decidir) vender a la niña a unos comerciantes,

quienes entonces _____ (9. vender) a la chica a los indios maya. Los maya

después la _____ (10. regalar) a Hernán Cortés, el conquistador de México. Ella

_____ (11. ser) un buen regalo porque _____ (12. saber) hablar los idiomas de los habitantes del Valle de México. Ella se _____ (13. dar) cuenta que los

indios _____ (14. pensar) matar a los españoles. Ella _____

(15. decidir) ayudarle a Cortés y a los otros soldados. Ahora lleva el nombre "La Malinche"

(betrayer), porque _____ (16. participar) en la conquista de México. A la misma

vez, también _____ (17. ser) la madre del pueblo mexicano mestizo; parte español y

parte indio. Muchos creen que , La Malinche _____ (18. llegar) a ser "La Llorona

(Weeping Woman), una mujer que _____ (19. matar) a sus hijos. Se dice que La

Llorona _____ (20. vivir) cerca del río, y_____ (21. matar) a sus

hijos por la tristeza que _____ (22. sentir). Mis padres me _____

(23. decir) que "La Malinche" _____ (24. ser) una mujer que

nunca_____ (25. estar) contenta con su vida y _____ (26. decidir)

que _____ (27. querer) algo más que ser madre. Por resultado, ella

_____ (28. matar) a sus hijos y _____ (29. dejar) sus responsabilidades.

Ella _____ (30. ayudar) a los españoles a conquistar a los indios de México,

quienes _____ (31. ser) sus hijos. La consecuencia _____ (32. ser) que

para siempre tiene que caminar y llorar toda la noche.

Lección 8
La vida en casa

Tema 1 • Los quehaceres domésticos

A. Los quehaceres. Identify the objects in the illustration, and then tell what each one is used for. The first one has been done as a model.

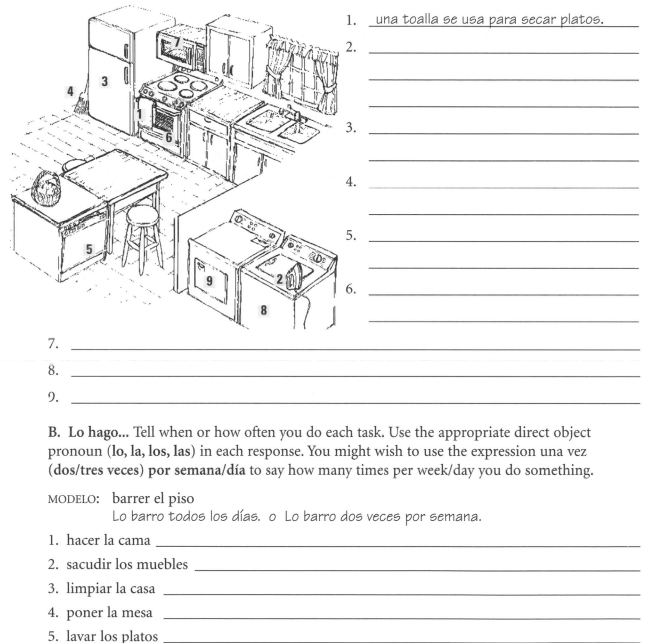

1. _una toalla se usa para secar platos._
2. _____
   _____
   _____
3. _____
   _____
4. _____
   _____
5. _____
   _____
6. _____
   _____

7. _____

8. _____

9. _____

B. Lo hago... Tell when or how often you do each task. Use the appropriate direct object pronoun (**lo, la, los, las**) in each response. You might wish to use the expression una vez (**dos/tres veces**) **por semana/día** to say how many times per week/day you do something.

MODELO: barrer el piso
　　　　　 Lo barro todos los días. o Lo barro dos veces por semana.

1. hacer la cama _____

2. sacudir los muebles _____

3. limpiar la casa _____

4. poner la mesa _____

5. lavar los platos _____

6. planchar la ropa _____

7. cortar el césped _____

8. lavar las toallas _____

D. Entre amigos. List five things your best friend does for you.

MODELO: *Me ayuda en la casa.*

llamar	ayudar	invitar	criticar
visitar	enojar	ver	comprender

1. _____

2. _____

3. _____

4. _____

5. _____

Nombre _____ Fecha _____

Tema 2 • ¿Cuál es tu comida favorita?

A. Asociaciones. Name at least three foods or drinks associated with each category.

MODELO: un sandwich
el queso, el jamón, el pan

1. las frutas _____

2. el almuerzo _____

3. la cena _____

4. las legumbres _____

5. la carne _____

6. el postre _____

B. La salud. Complete the following article on how to remain healthy by filling in the blanks with the **Ud.** form command of the logical verb.

dormir	comer	beber	evitar *(to avoid)*
limitar	mantener *(to maintain)*	hacer	fumar *(to smoke)*

Claro que la buena salud depende de su herencia. Pero también depende de Ud. Si quiere disfrutar de una larga vida saludable, debo seguir estos consejos._____ (1) ejercicio todos los días. No importa el tipo. Puede hacer lo que le gusta. Lo importante es hacerlo. _____ (2) legumbres, frutas y pan. Contienen vitaminas importantes. _____ (3) por lo menos ocho vasos de agua todos los días.

No _____ (4) cigarillos. Los cigarillos matan. _____ (5) su consumo de alcohol. El alcohol crea un desequilibrio en el cuerpo. No _____ (6) contacto con la familia y los amigos. Las relaciones afectivas son importantísimas.

_____ (7) el estrés. El estrés psicológico crea un estrés físico.

C. Deben hacer esto. A friend's children never worry enough about their health. Tell them whether or not to do what they have planned, based on what is good for them. Use an **Uds.** command and the appropriate direct object pronoun (**lo, la, los, las**), as in the models.

MODELOS: Vamos a comer estos dulces.
No los coman.
No queremos comer esta ensalada.
Cómanla.

1. Queremos beber estas cervezas.

   _____

2. No queremos comer las zanahorias y las espinacas.

   _____

3. Queremos comer pizza antes de acostarnos.

   _____

4. Vamos a mirar la televisión hasta las dos de la mañana.

   _____

5. Queremos beber este vino.

   _____

6. Vamos a fumar los cigarillos de papá.

   _____

D. Entre amigos. Two of your friends want to know what to do for you on a day you don't feel well. Use an **Uds.** command with each verb to tell them something they can do.

MODELO: llamar
Llámenme.

1. ayudar

2. invitar

3. visitar

4. buscar

5. llevar

Nombre _____ Fecha _____

Tema 3 • En la cocina

A. ¿Qué se necesita? Match the activities named in the left column with the logical items needed for them from the right column. Write the letter of the corresponding item in the blank.

1. _____ Para poner la mesa   a. una cacerola

2. _____ Para tomar agua   b. un plato hondo

3. _____ Para hervir *(boil)* agua   c. un batidor

4. _____ Para batir los ingredientes d. una copa

5. _____ Para cortar un bistec   e. un vaso

6. _____ Para tomar sopa   f. un cuchillo

7. _____ Para tomar café   g. una taza

8. _____ Para servir vino   h. el mantel, tenedores, cucharas y cuchillos

B. La cocina española. Read the following guidebook excerpt on Spanish regional cooking. Then, suggest what a tourist should try when visiting each region. Write at least two suggestions for each region, using **Ud.** commands.

MODELO: País Vasco
          Pruebe las salsas regionales. Coma el pescado con salsa verde.

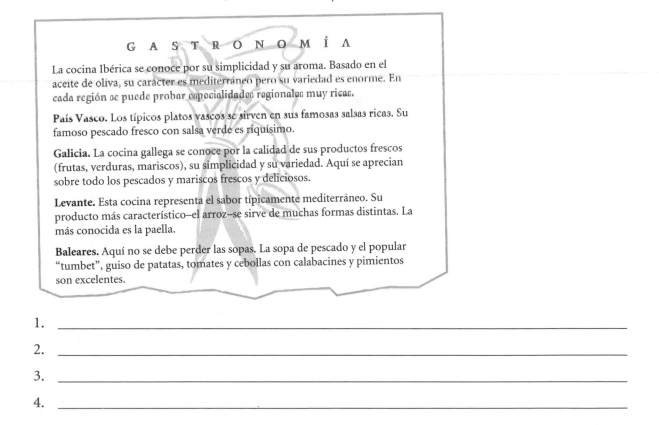

G A S T R O N O M Í A

La cocina Ibérica se conoce por su simplicidad y su aroma. Basado en el aceite de oliva, su carácter es mediterráneo pero su variedad es enorme. En cada región se puede probar especialidades regionales muy ricas.

País Vasco. Los típicos platos vascos se sirven en sus famosas salsas ricas. Su famoso pescado fresco con salsa verde es riquísimo.

Galicia. La cocina gallega se conoce por la calidad de sus productos frescos (frutas, verduras, mariscos), su simplicidad y su variedad. Aquí se aprecian sobre todo los pescados y mariscos frescos y deliciosos.

Levante. Esta cocina representa el sabor típicamente mediterráneo. Su producto más característico–el arroz–se sirve de muchas formas distintas. La más conocida es la paella.

Baleares. Aquí no se debe perder las sopas. La sopa de pescado y el popular "tumbet", guiso de patatas, tomates y cebollas con calabacines y pimientos son excelentes.

1. _____

2. _____

3. _____

4. _____

C. ¿Cómo se dice...? Your roommate is trying to explain the ingredients for **Salsa Mornay** to a Spanish-speaking friend, but can't remember what certain ingredients are called. Help him/her by supplying the name of the ingredient he/she is describing.

1. _____ Se necesitan una taza de este líquido nutritivo

que se prepara con pollo y una de mitad leche y mitad crema.

2. _____ Se necesita la parte amarilla de un huevo.

3. _____ Se necesitan tres cucharadas de este ingrediente

que es cremoso y viene de la leche. En la mañana se le pone al pan tostado y se derrite

fácilmente.

4. _____ También se necesita una media taza de queso

suizo y la cuarta parte de una taza de queso parmesano, pero preparado como para ponerse

encima de los espaguetis.

5. _____ Se necesitan dos cucharaditas de este

ingrediente seco *(dry)* que se usa para hacer pan.

D. Una receta. Here are the basic steps for making **Salsa Mornay.** Complete the recipe using Ud. commands. The first step has been done as a model.

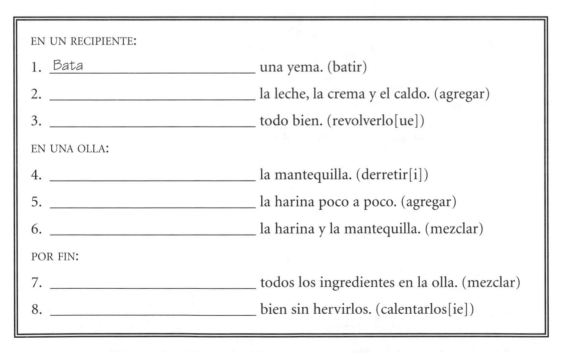

EN UN RECIPIENTE:

1. _Bata_____ una yema. (batir)

2. _____ la leche, la crema y el caldo. (agregar)

3. _____ todo bien. (revolverlo[ue])

EN UNA OLLA:

4. _____ la mantequilla. (derretir[i])

5. _____ la harina poco a poco. (agregar)

6. _____ la harina y la mantequilla. (mezclar)

POR FIN:

7. _____ todos los ingredientes en la olla. (mezclar)

8. _____ bien sin hervirlos. (calentarlos[ie])

E. Entre amigos. Explain to a friend how to make **Salsa Mornay.** On a separate sheet of paper, rewrite the recipe in *Activity D* using **tú** commands. The first step has been done as a model.

MODELO: En un recipiente, bate una yema...

F. En la cocina. A friendís son is helping his parents in the kitchen. Complete the parents' instructions with the **tú** command of the indicated verb. The first one has been done as a model.

1. No _uses_____ (usar) todo el huevo.

2. _____ la yema. (usar)

3. _____ la crema. (calentar)

4. _____ este pastel para ver si está listo. (probar)

5. _____ bien la puerta del refrigerador. (cerrar)

6. _____ esto por favor. Quiero lavar este plato. (comer)

7. _____ esta botella. (abrir)

8. _____ aquí. Necesito tu ayuda. (venir)

9. No_____ este plato del horno. No está listo. (sacar)

G. Una dieta. Tell a friend who is watching his health whether or not to eat or drink these things. Use a **tú** command and the appropriate direct object pronoun (**lo, la, los, las**).

MODELO: el azúcar
          No lo comas.

1. el pastel_____

2. el postre _____

3. las frutas _____

4. la mantequilla _____

5. el agua (f) _____

6. las legumbres _____

7. los tomates _____

H. Te amo. You are just starting a new relationship. Answer your new friend's questions telling him/her how often to do these things to or for you. Use a **tú** command and the appropriate pronoun.

nunca	siempre	con frecuencia	a veces	raramente
todos lo días	todo el tiempo	de vez en cuando		

MODELO: ¿Te llamo?
          Sí, llámame todos los días.

1. ¿Te acompaño a la universidad? _____

2. ¿Te busco después de tus clases? _____

3. ¿Te invito al restaurante?_____

4. ¿Te ayudo a limpiar la casa? _____

5. ¿Te traigo flores cuando voy a tu casa? _____

Tema 4 • Las diferencias y semejanzas

A. ¿Se parecen? Look at the illustration of Graciela, Francesca and Verónica on page 290 of your textbook. Based on that illustration and on the information below, complete the following sentences with one of the words given.

más	menos	mayor	parecidas	tan	menor

1. Gabriela y Francesca son muy _____.

2. Gabriela tiene 20 años y Francesa tiene 25 años. Francesca es la _____ y Graciela
   es la _____.

3. Graciela es un poco _____ alta.

4. Francesca parece _____ liberal que Graciela.

5. Francesca tiene el pelo un poco _____ largo pero _____
   oscuro.

6. Verónica es _____ grande que Graciela y Francesca.

7. Verónica es _____ baja que Graciela y Francesca.

B. Comparaciones. Make the indicated comparisons. Be sure to use the correct form of the adjective in parentheses.

MODELO: su mejor amigo/usted (alto)
        Mi mejor amigo es más (menos) alto que yo. o
        Mi mejor amigo es tan alto como yo.

1. Su mejor amigo/Ud. (delgado) _____

   _____

2. Sus amigos/Ud. (conservador) _____

   _____

3. Su mejor amiga/Ud. (simpático) _____

   _____

4. Sus amigos/los amigos de sus padres (liberal) _____

   _____

5. Sus amigos/los amigos de su hermano(a) (serio) _____

   _____

C. Consejos. A friend wants advice on how to get and stay in shape. Give him/her five health tips, using **más** or **menos** in each one.

MODELO: *Debes comer menos carne.*

1. _____

2. _____

3. _____

4. _____

5. _____

D. ¿Cómo son? Among you and your friends, who is...?

MODELO: el/la más alto/a
          Yo soy el/la más alto/a.   o   *Felipe es el más alto.*

1. el/la más difícil _____

2. el/la más conservador/a _____

3. el/la mejor estudiante _____

4. el/la más trabajador/a _____

5. el/la mejor actor/actriz _____

E. Preferencias. Tell a friend who is visiting that he/she should do five of your favorite things. Explain your suggestions, using the superlative as in the model.

comer en...	ver...	conocer a...	
beber...	tomar...	probar...	ir de compras
en...	visitar...	comprar...	

MODELO: *Debes comer en el restaurante Cisco's. Es el mejor restaurante de la ciudad.*

1. _____

2. _____

3. _____

4. _____

5. _____

Lección 9
Un viaje

Tema 1 • Los preparativos

A. Para el viaje. Your family is planning a trip through South America. Indicate the preparations you should make before leaving.

1. Queremos tomar el vuelo de Caracas a Buenos Aires. Necesitamos ir a la agencia de viajes para...

   _____

2. Antes de viajar a Venezuela, necesitamos ir al banco para...

   _____

3. Cuando llegamos a Machu Pichu vamos a querer tomar muchas fotos. Debemos...

   _____

4. Si queremos encontrar un buen hotel, debemos...

   _____

5. Para no tener problemas en las fronteras debemos...

   _____

B. Hay que planear. Write a brief paragraph in which you describe your plans for an upcoming trip. Use the expressions below and add others as you think of them.

reservar la habitación de hotel   hacer las maletas   cambiar dinero
comprar cheques de viajero   conseguir un pasaporte y una visa
tomar el taxi al aeropuerto

_____

_____

_____

_____

_____

_____

_____

C. ¿Cómo está Ud.? Describe how these people are or feel at the present moment and give a possible reason why.

MODELO: enojar (abuela)
          Mi abuela está enojada porque rompí su vaso favorito.

1. desgustar (padres)

   _____

2. sorprender (amigo/a)

   _____

3. broncear (estudiantes)

   _____

4. preocupar (yo)

   _____

5. enojar (nosotros)

   _____

D.   Antes de ir. Your friend suggests that you do the following activities; indicate that you have already done them.

MODELO: hacer un itinerario
          Ya he hecho un itinerario.

1. consultar una guía túristica _____

2. hacer reservaciones de hotel _____

3. cambiar dinero _____

4. descender al Gran Cañón _____

5. comprar un rollo de película _____

E. ¿Nunca lo habías hecho? Your roommate returns from a vacation and tells you some of the things he/she did. React by asking whether or not he/she had done these things before.

MODELO: Visité un museo de arte moderno.
          ¿Nunca habías visitado un museo de arte moderno?

1. Conseguí una visa.

   _____

2. Viajé a otro país.

   _____

3. Me quedé en un hostal.

   _____

4. Compré una cámara.

   _____

5. Vi unas ruinas antiguas.

   _____

Tema 2 • En el hotel

A. La habitación. You are making reservations for a trip. Answer the receptionist's questions about your preferences.

RECEPCIONISTA: ¿Qué tipo de habitación prefiere, sencilla o doble?

USTED: _____ (1)

RECEPCIONISTA: ¿Prefiere la vista al mar o un balcón con vista a la ciudad?

USTED: _____ (2)

RECEPCIONISTA: ¿En qué piso prefiere quedarse?

USTED: _____ (3)

RECEPCIONISTA: ¿Desea una habitación con baño privado?

USTED: _____ (4)

RECEPCIONISTA: ¿Cómo prefiere usted pagar?

USTED: _____ (5)

B. El servicio. Complete each sentence with a logical explanation using one of the words from the list.

MODELO: Me gusta ese hotel porque
servicio de habitación
Me gusta ese hotel porque el servicio de habitación es muy bueno.

cenicero	aire acondicionado	calefacción
sábanas	toalla	lámpara

1. Hace frío porque _____

2. Para bañarte necesitas _____

3. Mi amigo fuma y no hay _____

4. Cuando hacen la cama _____

5. Nunca hace calor porque _____

6. Siempre leo antes de dormir y necesito _____

C. ¿Dónde están? Indicate on which floor each hotel room is located.

MODELO: 250
Está en el segundo piso.

1. 510 _____

2. 927 _____

3. la recepción _____

4. 1020 _____

D. Traducción. Your friend, Armando, has found a note his American roommate left. Translate the note for him. Where would you use **por?** Where would you use **para?**

Armando, I am leaving for Miami after breakfast. I'll be there for two weeks. I'll buy gifts for you and for your family. Surely I'll find good things for everyone. Please call my sister tomorrow. It is difficult for me to call from Miami. Thanks for everything.

_____

_____

_____

_____

_____

_____

_____

_____

E. Entrevista. Answer a classmate's questions with complete sentences. Use a prepositional pronoun in your responses where appropriate.

1. ¿Te gusta estudiar con tus compañeros de clase?

_____

2. ¿Qué recibes de tus padres cuando te mandan algo?

_____

3. ¿Qué llevas contigo cuando viajas?

_____

4. ¿Le mandas flores a tu novio/a?

_____

5. ¿Qué piensas acerca del peligro *(danger)* de tomar mucho sol?

_____

Tema 3 • Las direcciones

A. Madrid. Provide the people in parentheses with directions to the following places as you refer to the map.

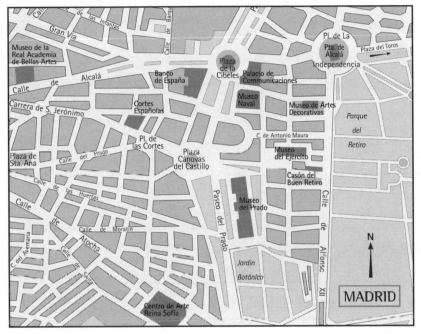

1. del Banco de España al Museo de la Real Academia de Bellas Artes (su compañero/a de cuarto)

_____

_____

2. de la Plaza de la Independencia a la Plaza de Sta. Ana (una señora y sus hijos)

_____

_____

3. del Museo del Prado al Centro de Arte Reina Sofía (el abuelo de su mejor amigo/a)

_____

_____

B. ¿Adónde vas? Tell your friend where to go to run the following errands.

MODELO: comprar medicina
          Para comprar medicina, debes ir a la farmacia.

1. cambiar dinero

_____

2. cortarse el pelo

_____

3. llenar el tanque de gasolina

_____

4. mandarles una carta a sus padres

_____

5. comprar pan para la cena

_____

C. Cuente Ud. Answer these questions with complete sentences, using indirect object pronouns.

1. ¿Qué les mandó Ud. a sus padres para su aniversario?

_____

2. ¿Qué película le ha recomendado Ud. a sus amigos?

_____

3. ¿Les presta Ud. dinero a sus compañeros de clase?

_____

4. ¿Qué le regalaron sus padres a Ud. para su cumpleaños?

_____

5. ¿Cuánto dinero les ha pedido Ud. a sus padres este mes?

_____

6. ¿Qué restaurante nos recomienda Ud.?

_____

7. ¿De qué le habla Ud. a sus padres?

_____

8. ¿Con qué frecuencia le da flores a su novio/a?

_____

D. ¿A quién le has… ? Ask your roommate or a friend to whom he/she has done the following things.

MODELO: decirle todo
¿A quién le has dicho todo?

1. pedirle ayuda con la tarea

_____

2. recomendarle un restaurante

_____

3. traerle regalos de cumpleaños

_____

4. decirle un secreto

_____

5. darle consejos

_____

6. pedirle favores

_____

7. decirle mentires

_____

8. pedirle dinero

_____

9. darle respuestas

_____

10. escribirle un poema

_____

E. Me gusta. After your best friend expresses his/her likes or dislikes, you agree or disagree using a different expression.

MODELO: Me gustan los viajes largos por crucero.
A mí me encantan los viajes largos por crucero. o A mí no me interesan los viajes largos por crucero.

1. Me gusta bastante la playa.

_____

2. No me gustan las ruinas antiguas.

_____

3. Me gusta viajar en grupos grandes.

_____

4. Me gusta pescar todo el día.

_____

5. No me gustan las discotecas con mucha gente.

_____

6. Me gusta mucho la política.

_____

7. Me gusta hablar de cosas tontas.

_____

F. Así es. Describe what these family members and acquaintances like or dislike. Do not use the same expression more than once.

MODELO: mi padre
         A mi padre le encanta hablar de la política.

1. mi mejor amigo/a

_____

2. mi compañero/a de clase

_____

3. el profesor/a

_____

4. mi madre

_____

5. mi compañero/a de cuarto

_____

Tema 4 ● En el restaurante

A. El camarero. While on vacation in Mexico, you go out to dinner with friends. Complete the dialog with logical responses.

CAMARERO: Buenas noches. Bienvenidos al Restaurante la Tablita. ¿Cuántos son?

USTED: _____ (1)

CAMARERO: ¿Prefieren la sección de fumar o de no fumar?

USTED: _____ (2)

CAMARERO: Aquí tienen su mesa. ¿Les traigo algo de tomar?

USTED: _____ (3)

CAMARERO: ¿Y para sus amigos?

USTED: _____ (4)

CAMARERO: Bien. En seguida regreso con sus bebidas. ¿Qué desean de plato principal?

USTED: _____ (5)

CAMARERO: ¿y de postre?

USTED: _____ (6)

CAMARERO: Buen provecho.

B. ¿Qué es? You and a friend are having dinner in a restaurant in Bogotá and your friend's Spanish is rusty. Help him/her remember the words hes/she has forgotten.

1. –Es una sopa española muy popular con tomate y ajo (*garlic*) y se toma fría.

   Es el _____

2. –Tiene huevos y papas y es un entremés.

   –Es la _____

3. –Esas legumbres son largas (long) y anaranjadas.

   –Son las _____

4. –La ensalda tiene muchas hojas (leaves) de esta verdura.

   –Es la _____

5. –No es un bistec sino otro tipo de carne roja.

   –Es el _____

C. ¿Me ayudas? What kind of help are you willing to give? Answer a friend's questions using direct and indirect object pronouns as in the model.

Modelo: ¿Vas a darme dinero hoy?
          Sí, voy a dártelo.
          No, no voy a dártelo.

1. ¿Les prestas tu ropa a tu mejor amigo/a?

   _____

2. ¿Me puedes prestar tu coche este sábado?

   _____

3. ¿Me puedes dar las respuestas del examen?

   _____

4. ¿Les prestas dinero a tus amigos?

   _____

5. ¿Piensas recomendarnos un buen restaurante mexicano?

   _____

D. Mis padres van de compras. Roberto is describing his parents' shopping excursion. Choose from the pronouns in the list to complete his story.

los	le	la	se	nos	les

Mi madre siempre iba de compras los sábados. _____ (1) gustaba mucho y siempre iba sola. A ella siempre _____ (2) gustaba tomar su tiempo en cada pasillo del supermercado. Las compras _____ (3) tomaban muchas horas. Mi padre _____ (4) acompañaba, pero no con mucha frecuencia. A ella _____ (5) gustaba ver todo y a mi padre _____ (6) faltaba paciencia. A veces ellos _____ (7) enojaban cuando iban juntos. A nosotros _____ (8) encantaba oír_____ (9) discutir la situación. Aunque no siempre estaban de acuerdo, a mis padres _____ (10) gustaba estar juntos todo el tiempo posible. Creo que así es el amor verdadero. A veces se pelean, pero se quieren de todos modos.

Lección 10
En la carretera

Tema 1 • Las sugerencias

A. En España. Look at the photos on page 350 of your textbook and complete each sentence logically.

1. En España se ven muchas _____ como el acueducto en Segovia.

2. Se puede visitar viejos _____ como Montserrat.

3. La Alhambra de Granada es uno de los m·s bellos _____ del mundo.

4. El _____ de los Sanfermines tiene lugar en Pamplona en el mes de julio.

5. La _____ de Sevilla es una de las más conocidas en España.

B. Geografía. Complete each statement with a logical geographical term. You may refer to the map on page 352 of your textbook.

1. España se encuentra en la península _____.

2. Madrid es la _____ de España.

3. Mallorca es una _____ al este de la costa de España.

4. Los Pirineos son unas _____ muy bonitas en la frontera entre Francia y España.

5. El Mediterráneo es el _____ entre África y España.

6. En la costa hay muchas _____ bonitas donde se puede nadar y tomar el sol.

7. El océano Atlántico está al oeste de España. África está al _____. Francia está al _____ y el mar Mediterráneo está al _____.

C. Antes de partir. Señor Loya wants to stay in the hotel tonight and pack, but his wife wants to go out and have fun. Decide which of them would like to do the activity below. Then, in the appropriate column, write the suggestion he/she would make for the evening's activities. Use **Vamos a...** to make the suggestions.

	EL SEÑOR LOYA	LA SEÑORA LOYA
MODELO: salir esta noche		¡Vamos a salir esta noche!
1. ir al restaurante	_____	_____
2. hacer las maletas	_____	_____
3. hacer nuestro itinerario	_____	_____
4. reservar un coche	_____	_____
5. dar un paseo	_____	_____

D. No están de acuerdo. Everything Señor Loya suggests they do, his wife suggests they do later. Write her response to his ideas and her suggestion, using the nosotros command form and the appropriate pronouns. Follow the model.

modelo: Vamos a hacer las maletas esta noche. (mañana por la mañana)
          No, no las hagamos esta noche. Hagámoslas mañana por la mañana.

1. Vamos a cenar a las siete. (a las ocho)

   _____

2. Vamos a pagar la cuenta esta noche. (mañana por la mañana)

   _____

3. Vamos a cambiar cheques de viajero esta noche. (mañana)

   _____

4. Vamos a comprar los boletos de tren ahora. (más tarde)

   _____

5. Vamos a acostarnos temprano. (tarde)

   _____

E. Preferencias. Imagine that you are going to spend two weeks in Spain with your Spanish class. Indicate whether or not you want the following things to happen.

MODELO: El profesor/la profesora pasa todo el tiempo con nostotros.
          Quiero que el profesor/la profesora pase todo el tiempo con nosotros
          o No quiero que el profesor/la profesora pase todo el tiempo con nosotros.

1. Viajamos por tren.

   _____

2. Alquilamos coches.

   _____

3. El guía nos dice todo en inglés.

_____

4. Visitamos muchos museos.

_____

5. Pasamos mucho tiempo en la playa.

_____

6. El viaje es muy caro.

_____

7. Los hoteles son muy buenos.

_____

8. Los Españoles nos hablan de su vida.

_____

F. ¿Ud.? What do you want your next vacation to be like? Say what you want by writing sentences with the appropriate alternative or provide your own.

MODELO: mis proximas vacaciones / ser…   tranquilas / activas
         Quiero que mis proximas vacaciones sean tranquilas.
         o Quiero que mis proximas vacaciones sean activas.
         o Quiero que mis proximas vacaciones sean agradables.

1. el hotel / ser…   económico / agradable / de la mejor calidad

_____

2. la gente / hablar …   inglés / español / los dos

_____

3. mis padres / viaja…   conmigo / a un otro país

_____

4. el hotel / estar…   la cuidad

_____

5. Mi agente de viajes / encontrar…   el mejor precio / el viaje el más agradable

_____

6. La habitación …   tener una vista / estar cerca de la costa / costar poco

_____

7. Mis maletas…   legar conmigo / no pesar (weigh) mucho

_____

G. Recomendaciones. What would you recommend that these people do or not do?

A friend wants to know what to do in order to do well in a Spanish class.

| ir | estudiar | hacer | dormir | faltar | hablar | escuchar |

MODELO: Te recomiendo que siempre vayas a clase.

1. _____
2. _____
3. _____
4. _____
5. _____

A couple visiting your region wants to know what to see and do there.

| ver | visitar | ir | probar | gustar | comer | hablar | comprar |

MODELO: Les recomiendo que visiten la universidad.

1. _____
2. _____
3. _____
4. _____
5. _____

Tema 2 • En el coche

A. Por favor. Would someone tell her son who is learning to drive or the gas station attendant to do theses things? Form the correct **tú** or **usted** form command and put it in the appropriate column.

	A SU HIJO	AL GASOLINERO
MODELOS: cambiar el aceite	_____	*Cambie el aceite, por favor.*
ajustar el volante	*Ajusta el volante.*	_____
1. abrochar el cinturón de seguridad	_____	_____
2. no olvidar el permiso de conducir	_____	_____
3. llenar el tanque	_____	_____
4. limpiar el parabrisas	_____	_____
5. reducir la velocidad	_____	_____

B. Su opinión. You are going on a trip with a friend and her children. Give your reaction to what she tells you using one of the expressions below and the correct subjunctive form of the verb.

(No) es bueno / malo que...	(No) es importante / necesario...	¡Ojalá que...!
Es una lástima que...	Es increíble / normal que..	Es preferible / mejor que...

MODELO: No uso mi cinturón de seguridad
Es malo / no es bueno que no uses tu cinturón de seguridad.
o Es preferible / mejor / necesario que uses tu cinturón de seguridad.

1. Mis niños hacen mucho ruido.

   _____

2. Mi hijo quiere manejar.

   _____

3. Mi hijo y yo manejamos muy rápido.

   _____

4. Voy a cambiar el aceite antes del viaje.

   _____

5. Voy a fumar en el coche.

   _____

6. No vamos a tener un acidente.

   _____

7. Anita está enferma y no puede ir con nosotros.

   _____

8. Necesitas pagar la mitad *(half)* de la gasolina.

   _____

9. No puedes dormir en el coche.

   _____

C. Quiero... Señora Loya and her husband are discussing preparations for their trip. Look at the lists she has made. Write four sentences in which she tells him what she wants to do and four in which she says what she wants him to do. (First review when to use the subjunctive and when to use the infinitive.)

YO:	TÚ:
hacer mi maleta	hacer tu maleta y las maletas de los niños
hablar con el receptionista	darles una propina a los taxistas
pagar la cuenta	preparar el itinerario
reservar el coche	llamar por teléfono a nuestro familia
comprar un mapa	occuparte de los ni(os

MODELOS: Quiero hacer mi maleta.
Quiero que tú hagas las maletas de los ni(os.

1. _____

2. _____

3. _____

4. _____

5. _____

6. _____

7. _____

8. _____

Tema 3 ● En la calle

A. Asociaciones. Categorize each of the words in the box according to which of the three incidents you identify it with and whether it indicates a person, place, object or action. There may be more than one possibility for some words, but you need only use each word once. The first four words have been done as models.

el humo	un / a paramédico/a	el camino	matar
la autopista	un edificio	una multa	una escalera
atropellar	un/a herido/a	el bombero	el hospital
un coche	acelerar	una pistola	una ambulancia
parar	una emergencia	disparar	el taller
un testigo	una acera	los primeros auxilios	la grúa
un policía	una víctima	un/a conductor/a	

1. un incendio

PERSONA	SITIO	OBJECTO	ACCIÓN
		el humo	

2. un choque

PERSONA	SITIO	OBJECTO	ACCIÓN
un/a paramédico/a			

3. un crimen

PERSONA	SITIO	OBJECTO	ACCIÓN
	el camino		matar

B. En mi opinion. You are talking with a very opinionated friend. Give your opinion about what he/she says, using the expressions in the box. (Remember to use the indicative with expressions of certainty and the subjunctive with expressions of uncertainty and doubt.)

MODELO: Las mujeres manejan mejor que los hombres.
          No es verdad que las mujeres manejen mejor que los hombres.
          Yo también creo que las mujeres manejan mejor que los hombres.

Creo que...	No creo que...	Es probable / improbable que...
Estoy seguro / a de que..	No estoy seguro / a de que...	Es posible / imposible que...
Es cierto que...	No es cierto que...	Es dudoso que... / Dudo que...
Es verdad que...	No es verdad que...	

1. Los conductores jovenes causan más acidentes que los demás.

   _____

2. Es justo que los jovenes paguen más por el seguro.

   _____

3. Los coches con bolsa de aire son más seguros.

   _____

4. Los nuevos coches cuestan demasiado.

   _____

5. El límite de velocidad es demasiado alto.

   _____

6. Los conductores de nuestra ciudad manejan muy mal.

   _____

7. Yo siempre tengo razón.

   _____

C. Entre amigos. Think of a friend about whom you like some characteristics but not others. On a separate sheet of paper, write a paragraph in wich you describe how you feel about this person. Use each of the expressions in the box.

MODELO: *Me alegro de que Mark sea muy simpático.*
          Me molesta que fume mucho...

Me alegro de que...	Me molesta que...
Me encanta que...	Me sorprende que...
Me gusta que...	Estoy triste de que...
Estoy contento / a de que...	Siento que...

Tema 4 • Los medios de transporte

A. La estación de ferrocarril. Finish giving a friend instructions on taking the train by completing the sentences with one of the expressions below.

sala de espera   andén   horario   pasajeros

1. Consulta el _____ para saber a qué hora los trenes salen.

2. Puedes esperar la salida del tren en la _____.

3. Debes ir al _____ un poco antes de la llegada del tren.

   Siempre hay muchos _____.

B. En la frontera. A young Costa Rican is returning home from a trip to Spain. Finish the paragraph by completing each sentence with a word or expression from the box.

costaricense   nacionalidad   una declaración de aduana   los derechos
control de pasaportes   declarar   registrar su maleta

El joven llega al _____ (1) donde debe mostrar su pasaporte.

Luego, pasa por la aduana para hacer _____ (2).

—Buenas tardes, señor. ¿Cuál es su _____ (3)?

—Soy de aquí, de Costa Rica. Soy _____ (4).

—Necesito _____ (5). ¡brala por favor. ¿No tiene nada

que _____ (6)?

—Sí, compré muchas cosas. ¿A dónde debo ir para pagar _____ (7)?

C. En el aeropuerto. You and a friend are returning home from a trip and are waiting for your connecting flight. Give your reaction to what your friend says, using an expression chosen from the box or a similar expression and the present perfect subjunctive.

Estoy furioso / a que...   Me alegro de que...   (No) estoy contento / a que...
Me molesta que...Siento que...   Es increíble que...
Ne es importante que...   Es una lástima que...   (No) es bueno / malo que...

MODELO: Nuestro avión no ha llegado de...
          Estoy furioso / a que nuestro avión no haya llegado de Dallas.

1. Nuestro avión todavía no ha salido de ...

_____

2. Nos dieron dos sillas en la sección de fumar.

_____

3. He perdido tu boleto.

_____

4. No he comido nada esta mañana.

_____

5. Han perdido nuestro equipaje.

_____

6. Nosotros/as perdimos nuestro avión.

_____

7. Encontradn nuestro equipaje.

_____

D. Quiero más. Consuelo is always wishing for what she doesn't have. Complete her statements about what she wants, using the options in parentheses.

MODELO: Busco un novio que... (tener mucho dinero y ser romántico)
          Busco un novio que tenga mucho dinero y que sea romántico.

1. Quiero comprar una casa que... (ser bonita y no costar mucho)

_____

2. Busco un trabajo que... (ser fácil y pagar bien)

_____

3. Me gustaría encontrar un coche que... (tener aire acondicionado y ser económico)

_____

4. Prefiero un apartemento que... (estar cerca de la universidad y ser grande)

_____

5. Quiero tomar clases que... (ser fáciles y interesantes)

_____

E. ¿Y Ud.? For each item indicated in *Activity D,* describe the one you have, then tell what kind you would like to have. Use a separate sheet of paper.

MODELO: novio (esposo) / novia (esposa)
          Tengo un novio (esposo) / novia (esposa) que trabaja mucho.. o No tengo novio (esposo) / novia (esposa).
          Quiero un novio (esposo) / novia (esposa) a quien le guste bailar.

Lección 11
La salud

Tema 1 • El estado físico

A. Asociaciones. What part of the body do you associate with each person or animal? Write a sentence describing each one.

modelo: una jirafa: Una jirafa tiene un cuello muy largo.

1. un elefante: _____

2. un cíclope: _____

3. Arnold Schwarzenegger: _____

4. la abuela de Caperucita Roja *(Little Red Riding Hood):* _____

_____

5. Pinocchio: _____

B. Un extraterrestre. You have been abducted by extraterrestrials. Upon returning to earth, you must describe what they looked like. Use at least seven body parts in your description. Sketch your extreterrestrial in the box on the right

MODELO: Su piel era verde y tenían una cabeza...

_____

_____

_____

_____

_____

C. El aseo personal. To what body part(s) might you do the following? Write complete sentences.

MODELO: afeitarse
          Me afeito la barba. o Me afeito las piernas.

1. peinarse: _____

2. remojarse: _____

3. ponerse lentes: _____

4. ponerse maquillaje: _____

D. Arreglándose. Your friends did not have enough time to get ready this morning. What did they forget to do?

MODELO: Celia tiene la cara bien pálida *(pale)*.
          No se puso maquillaje.

1. Rosa no puede ver nada hoy. _____

2. Eduardo tiene barba. _____

3. Juanita tiene mal aliento *(bad breath)*. _____

4. Pablo no se quita la gorra *(cap)*. _____

5. Carmen todavía lleva un pijama. _____

_____

E. Predicciones. Predict whether these people will do the suggested activity next week.

MODELO: yo (hacer ejercicio)
          Yo (no) haré ejercicio.

1. nosotros (tener un examen de español) _____

2. el/la profesor/a (venir a clase) _____

3. nosotros (saber todas las respuestas) _____

4. mis amigos (querer salir el sábado) _____

5. yo (poder descansar) _____

F. Resoluciones. Rewrite the following conversation, changing **ir** + infinitive to the future tense.

–¿Qué vas a hacer este año para mejorar tu vida?
–Voy a hacer ejercicio todos los días y voy a bajar de peso. ¿Y tú? ¿Qué vas a hacer?
–Voy a aprender francés. Siempre quise visitar Paris y este verano voy a hacerlo.
–Te voy a ayudar y vamos a viajar juntos.

_____

_____

_____

_____

_____

Now, use the future tense to write an imaginary conversation with your best friend in which you discuss New Year's resolutions.

G. Mañana por la mañana. Write a paragraph describing what you will do tomorrow morning. Use the following four verbs in the future tense, along with four others of your choice:
levantarse, desayunar, ponerse, salir.

Tema 2 • La salud y la vida moderna

A. Hoy en día. Describe the type of problem these people have.

MODELO: los alcohólicos
Los alcohólicos sufren del alcoholismo. Necesitan alcohol para olvidar sus problemas.

1. los drogadictos: _____

_____

2. los desamparados: _____

_____

3. los desempleados: _____

_____

4. las mujeres y los niños golpeados: _____

_____

_____

5. los enfermos: _____

_____

B. ¿Cómo se siente? Complete each statement with appropriate vocabulary from the list for *Tema 2* on page 418 of the textbook.

1. Una persona que se siente mal tiene mala _____

2. Una persona feliz está en buen estado de _____ por lo general.

3. Alguien que se enoja fácilmente se pone de mal _____ con frecuencia.

4. No me gusta la _____. Prefiero saber lo que va a pasar.

5. Una persona deprimida sufre de _____

6. Para ser feliz, es importante tener alguna _____ que quieres alcanzar.

C. En el futuro. Are you optimistic or pessimistic about the future? Make predictions about the following social problems in ten years, by changing the verbs to the future. Categorize your statements as optimistic or pessimistic.

OPTIMISTA: PESIMISTA:

MODELO: Se usarán menos drogas

Se usan muchas drogas ilegales _____

_____

Hay mucho desempleo. _____

_____

OPTIMISTA: PESIMISTA:

A veces los desamparados no pueden_____

encontrar ayuda _____

El aire está contaminado en muchos lugares._____

_____

Muchas mujeres y niños golpeados no _____

saben dónde buscar ayuda._____

Muchas enfermedades no tienen cura._____

_____

D. En un mundo perfecto. Below are some current social problems. Use the conditional to describe how things would be in a perfect world.

MODELO: Hay niños golpeados por sus padres.
          En un mundo perfecto, no habría niños golpeados por sus padres.

1. Muchas personas toman drogas o alcohol para olvidar sus problemas.

_____

2. Hay mucha intolerancia. No nos comprendemos bien.

_____

3. Muchos enfermos no tienen seguro médico.

_____

4. Muchos jóvenes no pueden encontrar trabajo.

_____

E. Los desamparados. If you were homeless, how would your life be different? Answer each question with a complete sentence.

1. ¿En qué estado de ánimo estaría? _____

2. ¿Tendría miedo? _____

3. ¿Habría mucha incertidumbre en la vida? _____

4. ¿Dónde dormiría? _____

5. ¿Cómo se pasaría el día? _____

6. ¿Qué haría para divertirse? _____

7. ¿Con qué frecuencia podría lavarse y afeitarse? ¿Adónde iría para hacerlo? _____

_____

8. ¿Cómo se sentiría? _____

F. ¿Cuál de los dos? Given the following options, which would you choose? Explain your choice.

MODELO: ser abogado/a o ingeniero/a
Sería abogado porque me gusta resolver conflictos y no me gustan las matemáticas.

1. vivir en Nueva York o en Los ángeles

_____

2. casarse con un persona rica o con una persona sincera

_____

3. tener muchos o pocos hijos

_____

4. viajar en España o en Inglaterra

_____

5. tener mucho dinero o muchos amigos

_____

G. ¿Cómo sería el mundo? Describe what the world would be like without the following things.

MODELO: sin montañas
Un mundo sin montañas sería feo y no podríamos esquiar.

1. sin drogas: _____

2. sin niños: _____

3. sin exámenes: _____

4. sin diversidad: _____

5. sin odio *(hate):* _____

H. ¿Qué cambiaría? If you could change the following people, what would they be like and what would they do differently?

MODELO: su compañero/a de cuarto
No fumaría. No dejaría su ropa en todas partes. o No cambiaría nada.

1. sus profesores: _____

2. sus padres: _____

3. Ud. mismo/a: _____

4. nosotros, los norteamericanos:_____

5. el presidente de los Estados Unidos: _____

I. Promesas. Did the President promise to do the following things during the last electoral campaign? Has he done them?

MODELO: reducir los impuestos *(taxes)*
Sí, prometió que reduciría los impuestos pero no los ha reducido.

1. ayudar a los desamparados

_____

2. ser honesto

_____

3. decir la verdad

_____

4. hacer algo para combatir el crimen

_____

5. promover *(promote)* la paz

_____

J. El último día. Write a paragraph telling what you would do if you had only one day to live. Answer the following questions in your description, adding any other details you wish.

¿A qué hora se levantaría? ¿Se afeitaría? ¿Qué ropa se pondría? ¿Con quién se pasaría el día? ¿Se quedaría en casa o saldría? ¿Adónde iría? ¿Qué haría?

_____

_____

_____

_____

K. Una vida soñada. On a separate sheet of paper, write a description of at least five sentences describing how your life would be if everything were perfect.

L. ¿Cómo lo haría? If you could relive the past, what would you do differently? Write at least five sentences.

MODELO: Saldría menos en la escuela secundaria y estudiaría más.

_____

_____

_____

_____

_____

Tema 3 • El bienvivir

A. ¿Dónde? Categorize the following sports and leisure activities according to where you would most likely do each one.

salir en velero	remar	las abdominales	la gimansia
el salto de longitud	la natación	la carrera de 100 metros	el patinaje sobre hielo
el salto de altura	el clavado	el hockey sobre hielo	

el lago o la piscina   el gimnasio

_____   _____

_____   _____

_____   _____

_____   _____

el estadio   la pista de patinaje *(ice skating rink)*

_____   _____

_____   _____

_____   _____

B. ¿Cuándo? Explain when you do these things.

MODELO: seguir un régimen
        Sigo un régimen cuando mi ropa no me queda bien y quiero bajar de peso.

1. estirarse: _____

2. reírse: _____

3. meditar: _____

4. ir al gimnasio: _____

5. cansarse: _____

C. Las máquinas de ejercicio. Exercise machines allow us to do a variety of exercises at home. Explain why one uses these machines and what part of the body they strengthen *(fortalecer)*.

MODELO: una bicileta fija
        Con una bicicleta fija se puede montar a bicileta dentro de la casa y mirar la televisión o leer al mismo tiempo. Fortalece las piernas, las rodillas, los tobillos y los músculos de la espalda.

1. un subidor de escaleras: _____

_____

_____

2. una máquina de remos: _____

_____

_____

D. Un entrenador personal. Your personal trainer is giving you advice on how to use the exercise machines described in the previous activity. Read his/her advice and write the name of the machine that you are using in the space provided.

1. Los brazos, las piernas y los músculos del torso deben hacer todo el trabajo.

_____

2. Cuando el pedal está en el punto más bajo, la rodilla debe estar levemente doblada.

_____

3. Asegúrate que los pies estén sobre una superficie plana *(flat)*. Reduce la resistencia de la máquina si te duelen las rodillas.

_____

E. ¿Qué harán? What will these people do in order to accomplish their goals? List as many logical things as you can think of.

MODELO: Mi hermana quiere un cuerpo musculoso.
Para alcanzar su meta irá al gimnasio, levantará pesas, subirá escaleras y hará abdominales.

1. Nosotros queremos reducir el estrés. Para hacerlo, (nosotros) _____

_____

2. Angel quiere ganar una medalla en los Juegos Olímpicos. Para alcanzar su meta, _____

_____

3. Joaquín y sus amigos quieren divertirse en el campo de verano. Para hacerlo, _____

_____

4. Yo quiero_____. Para alcanzar mi meta

_____

F. Una dieta. You are starting a new diet program. What promises does the salesperson make about what will happen while you are on the diet?

MODELO: adelgazar
Con esta dieta adelgazará.

1. poder comer comida rica: _____

2. tener hambre: _____

3. ver resultados inmediatos: _____

Tema 4 • La atención médica

A. Asociaciones. Write the name of an illness or symptom that you associate with these body parts.

MODELO: la piel
una quemadura, una ampolla

1. la sangre: _____

2. el corazón: _____

3. el pecho: _____

4. un hueso: _____

B. ¿A dieta o con ejercicio? Is it better to exercise or to diet if you want to get into shape? Which stategy would you use to achieve the following? If you do not know, guess.

MODELO: quemar calorías
Quemaría más calorías con ejercicio. o Quemaría tantas calorías con ejercicio como a dieta.

1. bajar de peso: _____

2. ganar músculo: _____

3. perder músculo: _____

4. quemar grasas: _____

5. tener energía: _____

6. sentirse mejor: _____

C. En ese caso… Tell your little cousin what he/she will do in the following situations. Complete each sentence logically, using one of the words or phrases from the list.

cansarse	desmayarse	contagiarse	toser menos
estornudar	quemarse	cortarse	tener una infección

MODELO: Si no comes nada, te desmayarás.

1. Si tomas jarabe, _____

2. Si juegas con tu hermano enfermo, _____

3. Si no limpias la herida, _____

4. Si juegas con el cuchillo, _____

5. Si juegas cerca de la estufa, _____

6. Si abres la pimienta, _____

7. Si no descansas, _____

C. En el consultorio. Complete the following conversations with the correct form of a word from the list:

mejorarse	vomitar	estornudar	fracturarse	recetar
enyesar	hinchado/a	una radiografía	muletas	

1. EL DOCTOR: Cómo se siente?

   EL PACIENTE: No muy bien. Tengo náusea. No puedo comer nada sin _____.

2. LA DOCTORA: ¿Qué le pasó?

   EL PACIENTE: Me caí de una escalera. Creo que _____ la pierna. Tengo

   el tobillo bien _____.

   LA DOCTORA: Vamos a hacer _____ para averiguar. Si está

   rota, tendremos que _____ la y tendrá

   que usar _____ para caminar.

D. ¿Ha estado enfermo? On a separate sheet of paper, describe the last time you were sick enough to go to the doctor. What were your symptoms? What did the doctor prescribe? What did you do to get better? How long were you ill?

E. La prevención. On a separate sheet of paper, combine items from the left column with items from the right column to explain to a friend which actions will produce which effects.

tomar una dosis baja de aspirina regularmente   evitar (avoid) la gripe
tener una dieta rica en frutas y verduras   prevenir la diabetes
comer comida baja en grasas   correr el riesgo de contagiarse de SIDA
practicar el sexo sin protección   reducir el riesgo de tener un infarto
vacunarse (to vaccinate oneself)   poder prevenir el cáncer

MODELO: Si tomas una dosis baja de aspirina regularmente, reducirás
el riesgo de tener un infarto.

F. ¿Qué hará? Tell what will you do at the following times, or when will you do the following things?

MODELO: Cuando me canse de estudiar hoy, me acostaré.
Estaré contento/a cuando tenga otro compañero de cuarto.

1. Cuando me levante mañana, _____

2. Cuando tengamos el próximo examen, _____

3. Cuando yo tenga más tiempo libre, _____

4. Me sentiré nervioso/a cuando _____

5. Mi vida será más fácil cuando _____

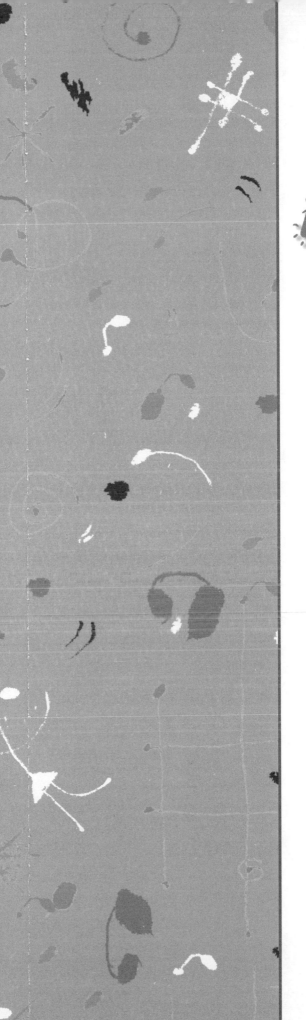

Lab Manual

Combined Edition

Teresa Shu

Austin Community College
Cypress Creek Campus

with Stuart Smith

Austin Community College
Northridge Campus

Lección 2
Después de las clases

Tema 1 • La universidad y los amigos

A. ¿Cómo es la universidad? Listen as Alfredo talks about his university. Circle the adjective that matches his description.

1. pequeña   (grande)
2. (bonitos)   feos
3. nueva   (vieja)
4. interesantes   (aburridos)
5. (difíciles)   fáciles
6. bonitas   (feas)

B. Diálogos. You will hear two dialogs from *Tema 1* in your textbook. Listen without reading your book. Rewind the tape as often as you wish and, in Spanish, answer the questions below.

1. (first dialog) What are two differences between universities in the United States and Spain?

_____

2. What sports are important in the United States?

_____

3. What is popular in Spain?

_____

4. (second dialog) What are Carlos's professors like?

_____

_____

C. ¿Cómo son los amigos de Gabriela? Listen as Gabriela describes her friends. You know these people also, but you think they are completely the opposite. Write your views as shown in the model.

MODELO: You hear: Juan es liberal.
           You write: Juan es conservador.

1. _____ Anna es conformista _____

2. _____ Sara es optimista _____

3. _____ timid / Miquel es _____
4. _____ Fransico es serioso _____
5. _____ Carlos es pessimista _____
6. _pet isosta_ / Suzanna es _____
7. _____ roberto es modesto _____

D. El verbo *ser*. Listen as Carlos describes some people and places at the university and complete what he says in the space provided.

1. María _es extrobertida_
2. Los estudiantes _son simpaticos_
3. Ramón y yo _somos generosos_
4. La oficina _es egrabalde_
5. Cecilia _es athletica_
6. La residencia _es hueva_
7. Manuel _es egoista_
8. La clase _es interesante_

E. Entrevista. Listen as your classmate asks you some questions for an assignment she is writing. Answer in Spanish in the space provided.

1. _____ Me llamo Daryl _____
2. _____ estudio español _____
3. _____ Soy de Westerly _____
4. _____ estudiante en Universidad
5. _____ Un poco aburrido _____
6. _____ proffesor es Manteiga _____
7. _____ me gusta mas español _____
8. _____ no me gusta fisica _____

Tema 2 • Los pasatiempos

A. ¿Qué te gusta hacer? Listen as Natalia invites you to do things with her. Tell her you prefer to do the things listed below. Then repeat the correct response after the speaker.

MODELO: You hear: ¿Quieres escuchar música?
            You see: cantar
            You say: No, no me gusta escuchar música. Prefiero cantar.
            You hear: No, no me gusta escuchar música. Prefiero cantar.
            You repeat: No, no me gusta escuchar música. Prefiero cantar.

1. mirar la televisión
2. escuchar música
3. ir a un café

4. salir con amigos
5. ir de compras

B. Diálogos. You will hear two dialogs from *Tema 2* in your textbook. Listen without reading your book. Rewind the tape as often as you wish and, in Spanish, answer the questions below.

1. (first dialog) What do Carlos and Silvia decide to do?

_____

2. (second dialog) What do Carlos and Silvia invite Lázaro to do? For what class does Lázaro have to finish homework?

_____

_____

C. Infinitivos. Rewind the tape and listen to the dialogs again. Write all the infinitive verb forms that you hear.

_____

_____

D. ¿Lógico o ilógico? Listen to the statements and circle **lógico** if the statement makes sense and **ilógico** if it doesn't. Then rewrite each illogical sentence to make it logical.

1. (lógico)   ilógico _____
2. lógico   (ilógico) . . . _, tengo estudio_
3. (lógico)   ilógico _____
4. (lógico)   ilógico _____
5. lógico   (ilógico) _, no me gusta bailar_
6. (lógico)   ilógico _____

E. Gracias, pero no puedo. Your friend Laura invites you to do things with her, but you don't want to do anything she suggests. Give her an excuse.

MODELO: You hear: ¿Quieres ir al cine?
You see: estudiar
You say: Me gustaría ir al cine contigo, pero no puedo. Tengo que estudiar.
You hear: Me gustaría ir al cine contigo, pero no puedo. Tengo que estudiar.
You repeat: Me gustaría ir al cine contigo, pero no puedo. Tengo que estudiar.

1. limpiar la casa
2. hacer la tarea
3. ayudar a mi mamá

4. trabajar en la oficina
5. ir de compras
6. trabajar en el jardín

F. ¿Quieres ir? Listen as Carlos and Silvia meet Ricardo on their way to the café. Write your answer in English in the space provided.

1. What does Carlos tell Ricardo? _Hello do you want to go to the cafe_

2. What does Silvia say? _yes, come with us we can study there._

3. Can Ricardo go with them? Explain _no, he has to study for math class_

4. Can Ricardo go in the afternoon? Explain _yes, after he has studied._

G. Entrevista. Your classmate interviews you about what you do outside of class. Listen and answer in Spanish in the space provided.

1. _What did you do last night_
2. _what do you like to do after class_
3. _what do you do on saturdays_
4. _what do you do on mondays_
5. _do you like Sat. or Sun._

Nombre _Daryl Finizio_ Fecha _____

Tema 3 • Los días de trabajo

A. ¿Dónde estoy? Listen as Clara makes statements about what she does. Indicate where she is as she makes each statement by circling **en una oficina, en un restaurante,** or **en la universidad.**

1. en una oficina   en un restaurante   (en la universidad)
2. en una oficina   (en un restaurante)   en la universidad
3. en una oficina   en un restaurante   (en la universidad)
4. (en una oficina)   en un restaurante   en la universidad
5. en una oficina   (en un restaurante)   en la universidad

B. Diálogos. You will hear two dialogs from *Tema 3* in your textbook. Listen without reading your book. Rewind the tape as often as you wish and, in Spanish, answer the questions below.

1. (first dialog) What does Silvia do in the office?

_____

2. Does she like her work? Why?

_____

3. (second dialog) What is Lázaro like?

_____

4. What does Silvia like to do?

_____

C. ¿Qué hace Lucho? Listen as your best friend, Lucho, describes his daily routine. After each statement change the subject to **mi amigo Lucho** and write a sentence describing him in the space provided.

MODELO: You hear: Miro la televisión todos los días.
           You write: Mi amigo Lucho mira la televisión todos los días.

1. _Mi amigo lucho_ goes from home to work
2. _Mi amigo lucho (prepara la cena)_
3. _Mi amigo lucho [lavo los platos]_
4. _Mi amigo lucho (limpio la casa)_

D. ¿A veces o todos los días? Listen as Rosa tells you what she does or likes to do. After each statement, write whether you do the same thing **a veces, todos los días,** or **nunca.** Then write the sentence under the column that corresponds to you..

MODELO: You hear: Ayudo en la casa todos los días.
You write: **Ayudo en la casa** under the column that corresponds to you.

	A VECES	TODOS LOS DÍAS	NUNCA
MODELO:		Ayudo en la casa.	
1.			despato por la tade
2.		nunca trabajo domingo	
3.		laba laropa	
4.	estudio español		
5.			regresa la clase
6.		eschuchen español musica	

E. Entrevista. Your new neighbor, Genaro, wants to get to know you better. First, listen to his questions. Then answer each one with a complete sentence in the space provided.

1. _do you study in the library_
2. _what t.v. programs do you watch_
3. _listen or sing music_
4. _When is your class on saturdays_
5. _do you like the cafe_

Tema 4 • Las preguntas

A. ¿Qué preguntas? Listen to Enrique's responses during an interview. For each response, circle the appropriate question.

MODELO: You hear: Estudio en la biblioteca.
You see: ¿Dónde estudias? ¿Cuándo estudias? ¿Por qué estudias?
You circle: ¿Dónde estudias?

1. ¿Dónde trabajas?   ¿Cuándo trabajas?   ~~¿Por qué trabajas?~~
2. ¿Dónde hablas?   ~~¿Cuándo hablas?~~   ~~¿Con quién hablas?~~
3. ¿Dónde estudias?   ~~¿Por qué estudias?~~   ¿Con quién estudias?
4. ~~¿Dónde comes?~~   ¿Cuándo comes?   ¿Por qué comes?
5. ¿Dónde bailas?   ¿Cuándo bailas?   ~~¿Con quién bailas?~~

B. Diálogos. You will hear two dialogs from *Tema 4* in your textbook. Listen to the tape without reading your book. Rewind the tape as often as you wish and, in Spanish, answer the questions below.

1. (first dialog) When does Lázaro want to do something with Silvia?

_____

2. (second dialog) Why is everybody in Silvia's apartment?

_____

C. ¿Qué prefieres? Listen as your friend Rosaura describes her preferences and say that yours are different. Follow the model. Then repeat the correct response after the speaker.

MODELO: You hear: Miro películas japonesas.
You see: películas mexicanas
You say: Rosaura mira películas japonesas, pero yo miro películas mexicanas.
You hear: Rosaura mira películas japonesas, pero yo miro películas mexicanas.
You repeat: Rosaura mira películas japonesas, pero yo miro películas mexicanas.

1. el jazz
2. la casa
3. Viva México
4. dramas
5. en casa

D. Más preguntas. Your neighbor Genaro has more questions. Listen and then answer each one in the space provided.

1. _Where do you prefer to eat_
2. _what is your fav. resturante,_
3. _what food do you prefer?_
4. _Fav. falicola?._
5. _who is your Fav. actor_

E. Tu compañera de clase. A new student, Celina, introduces herself to you in your Spanish class. Listen as she tells you something about herself. Then answer, in Spanish, the questions below.

1. What classes is Celina taking? _Math + literature_
2. Where is she from? _Mexico_
3. What is the university like? _Modern an nice_
4. What are her classes like? _very interesting_
5. What are her classmates like? _agroeable_

F. ¿Cómo se pronuncia? You will hear two series of words. The first series contains the consonant **r,** the second contains the consonant **rr.** Repeat each word after the speaker.

With **r:**   quiero, prefiero, pero, eres, cafetería, me gustaría, miro, preparo

With **rr:**   Rosa, Enrique, pizarra, aburrido, responsable, cierre, repitan, Roberto, perro

Now you will hear a third series of words. Indicate whether each word contains **r** or **rr.**

1. _r_
2. _rr_
3. _r_
4. _r r_
5. _r r_

Lección 3
La familia

Tema 1 • La casa

A. ¿Dónde vives? Listen as a classmate talks about where she lives. Indicate whether the statements you hear are also true about where you live by circling either **cierto** or **falso**. Then write a sentence indicating that the statement is also true for you, or change the statement to make it true for you.

MODELO: You hear: Vivo en la calle Comal.
You circle: falso
You write: Vivo en la calle Harwood.

1. cierto   falso _____

2. cierto   falso _____

3. cierto   falso _____

4. cierto   falso _____

5. cierto   falso _____

6. cierto   falso _____

7. cierto   falso _____

8. cierto   falso _____

B. ¿Qué hay? You will hear a series of questions about the illustration below. Answer each question with a brief answer in Spanish.

1. _____   4. _____

2. _____   5. _____

3. _____   6. _____

C. Diálogos. You will hear two dialogs from *Tema 1* in your textbook. Listen without reading your book. Rewind the tape as often as you wish and, in Spanish, complete the tasks below.

1. (first dialog) List the rooms mentioned in the conversation.

_____

2. (second dialog) List two aspects of the room that please Alicia.

_____

D. Los verbos *ser* y *estar*. Listen as a classmate asks you questions about your house, apartment or room. Indicate if the verb you hear in each question is **ser** or **estar** by circling the appropriate choice. Then answer each question with a complete sentence in Spanish.

1. ser   estar   _____

2. ser   estar   _____

3. ser   estar   _____

4. ser   estar   _____

5. ser   estar   _____

6. ser   estar   _____

E. ¿A quién le gusta esta casa? You will hear three conversations in which people describe what they are looking for in a home. Decide for whom the house advertised would be best suited and write the number of the description below the appropriate advertisement.

Apartamento limpio y grande

Edificio muy tranquilo.
Seguridad, estacionamiento.
3 recámaras, 2 baños.
Garaje para un coche
2345 E. 95
234-8090

Casa cerca de la universidad
Sala grande, alfombra nueva
2 recámaras,
llamar al 448-9235

Casa con jardín

2 recámaras, 2 baños
cocina grande.
Garaje para dos coches
544-6789

a. _____   b. _____   c. _____

Tema 2 • La familia

A. Una familia. Listen as Carolina describes her family. Complete her family tree by writing the relationship and name of each family member mentioned below the illustration of the appropriate person. (HINT: Not all family members will be mentioned.)

MODELO: You hear: Mi padre se llama Eduardo.
You write: **mi padre Eduardo** under the appropriate picture

_____   _____

_____ mi padre Eduardo _____

_____ yo Carolina _____

_____   _____

B. Diálogo. You will hear a dialog from *Tema 2* in your textbook. Listen without reading your book. Rewind the tape as often as you wish and, in Spanish, complete the task below.

List two things about Ramón's brother in the photo that displease Alicia.

_____

_____

C. ¿Cómo son? You will hear questions about the people in the photo. Decide whether the speaker is asking about the man or the woman and circle the appropriate choice. Then answer each question with a complete sentence in Spanish.

1. el hombre   la mujer   _____

_____

2. el hombre   la mujer   _____

_____

3. el hombre   la mujer   _____

_____

4. el hombre   la mujer   _____

_____

5. el hombre   la mujer   _____

_____

D. Los verbos *tener* y *venir* y la posesión. Listen as Ramón describes one of his young cousins. Finish what he is saying by writing in the missing words. Then, rewrite the paragraph as Ramón's cousin would if he were speaking about himself.

Se llama Javier y _____. Vive en el Distrito Federal

_____ aquí durante el verano. En

este momento trabaja _____ ser estudiante.

_____. Los estudios son importantes.

_____

Me llamo Javier y _____

_____

_____

Tema 3 • La vida diaria

A. ¿Cuándo? Listen as the speaker mentions several activities. Decide whether each activity is something one is more likely to do during the work week, on the weekend, or both, and circle your choice. Then write a sentence indicating that the statement is also true for you, or change the statement to make it true for you.

MODELO: You hear: Asisto a un partido de fútbol.
You circle: los fines de semana
You write: Yo también asisto a un partido de fútbol los fines de semana. o Yo no asisto a un partido de fútbol los fines de semana.

1. durante la semana   los fines de semana   los dos

   _____

2. durante la semana   los fines de semana   los dos

   _____

3. durante la semana   los fines de semana   los dos

   _____

4. durante la semana   los fines de semana   los dos

   _____

5. durante la semana   los fines de semana   los dos

   _____

6. durante la semana   los fines de semana   los dos

   _____

7. durante la semana   los fines de semana   los dos

   _____

8. durante la semana   los fines de semana   los dos

   _____

9. durante la semana   los fines de semana   los dos

   _____

B. Diálogos. You will hear two dialogs from *Tema 3* in your textbook. Listen without reading your book. Rewind the tape as often as you wish and, in Spanish, complete the tasks below.

1. (first dialog) List two things Ramón wants to do tomorrow.

   _____

2. (second dialog) Tell where and at what time Ramón and Alicia are eating tonight.

   _____

C. **Los verbos regulares e irregulares -er e -ir.** Listen as a babysitter tells some parents all the terrible things their children do while the parents are away. First, complete the babysitter's statements by writing in the missing words. Then stop the tape and write statements the children would make to defend themselves.

MODELO: You hear: Comen muchos dulces.
You see: _____ muchos dulces (*sweets*).
You write: Comen
Then you write: No es verdad. No comemos mucho.

1. _____ en la sala.

_____

2. _____ por las calles hasta muy tarde.

_____

3. _____ el televisor durante la cena.

_____

4. _____ por la noche.

_____

5. Nunca _____ su tarea.

_____

6. _____ televisión toda la noche.

_____

Tema 4 • Las actividades del momento

A. ¿Quién lo está haciendo? Listen as your friend asks you questions about what you are doing. Tell your friend that you are doing what is written below. Then listen and repeat the correct response after the speaker.

MODELO: You hear: ¿Estás estudiando?
You see: comer
You say: No. Estoy comiendo.
You hear: No. Estoy comiendo.
You repeat: No. Estoy comiendo.

1. estudiar
2. cerrar la ventana
3. descansar
4. tomar té
5. trabajar

6. hablar
7. comer pizza
8. escribir los ejercicios
9. jugar
10. ver televisión

B. Diálogos. You will hear two dialogs from *Tema 4* in your textbook. Listen without reading your book. Rewind the tape as often as you wish and, in Spanish, complete the statements below.

1. (first dialog) Javier y Marisa son los _____ de Ramón. Son los hijos de su

   _____ Adela.

2. Javier y Marisa están _____ sus tareas en el patio.

3. (second dialog) Alicia cree que _____ está pasando en la casa

   abandonada de al lado. Dice que ve _____ y que oye _____.

4. Ramón dice que _____ está haciendo _____ y que

   _____ hay _____ luces _____ ruido.

C. ¿Afirmativo o negativo? Indicate whether each statement you hear contains an affirmative expression or a negative expression.

1. afirmativo   negativo
2. afirmativo   negativo
3. afirmativo   negativo
4. afirmativo   negativo

5. afirmativo   negativo
6. afirmativo   negativo
7. afirmativo   negativo
8. afirmativo   negativo

D. ¿Y Ud.? Rewind the tape and listen again to the statements in *Activity C*. If they describe you, write them down. If a statement does not describe you, change it so that it does.

1. _____
2. _____
3. _____
4. _____
5. _____
6. _____
7. _____
8. _____

E. Marisa está enferma. Marisa, the niece of Ramón and Alicia, is sick. Listen to the conversation between her mother, Adela, and Alicia. Then, in Spanish answer the questions below.

1. ¿Sabe Adela qué tiene Marisa?

_____

2. ¿Qué no tiene Marisa ganas de hacer?

_____

3. ¿Cómo está Javier?

_____

4. ¿Está tomando Marisa alguna medicina?

_____

F. ¿Cómo se pronuncia? Stop the tape and reread the pronunciation explanation on page 107 of your textbook. Then listen to the conversation and decide whether each **d** is pronounced like the **d** in English or like the **th** in the English word they. Circle the words in which the **d** is pronounced like the **th** of they.

— ¿Quién es la madre de Daniel?

— Es la dama delgada delante de la puerta del comedor.

— ¿De dónde son sus padres?

— Son de San Diego.

Lección 4
Las diversiones

Tema 1 • El tiempo libre

A. ¿Cómo pasas tu tiempo libre? Listen as Antonio talks about what he likes to do in his spare time. Write what he does in the appropriate column.

MODELO: You hear: Camino todos los días.

	A VECES	TODOS LOS DÍAS	LOS FINES DE SEMANA	NUNCA	VIERNES
MODELO:		camina			
1.					
2.					
3.					
4.					
5.					
6.					
7.					
8.					

B. Diálogos. You will hear two dialogs from *Tema 1* in your textbook. Listen without reading your book. Rewind the tape as often as you wish and, in Spanish, answer the questions below.

1. (first dialog) What do Adela and Martín do every Sunday?

_____

2. At what time do they play? Why don't they play earlier?

_____

3. (second dialog) Where are Alicia, Ramón, Adela, and Martín?

_____

4. Name all the drinks mentioned.

_____

C. ¿Qué quieres tomar? Listen as Berta invites you to drink something. Respond by saying you don't like what she suggests and that you prefer the items listed below. Then listen and repeat the correct response after the speaker.

MODELO: You hear: ¿Quieres tomar un té?
         You see: una taza de café
         You say: No, no me gusta el té. Prefiero tomar una taza de café.
         You hear: No, no me gusta el té. Prefiero tomar una taza de café.
         You repeat: No, no me gusta el té. Prefiero tomar una taza de café.

1. un refresco
2. una botella de cerveza
3. una copa de vino tinto
4. una botella de agua mineral
5. una cerveza alemana
6. una limonada con mucho hielo

D. ¿Qué dice Lidia? Listen as Lidia tells you about her day. In Spanish, answer the questions below.

1. How does her day begin? Why?

   _____

2. What does she not understand?

   _____

3. What does she do when her teacher writes on the board?

   _____

4. What is she planning to do tomorrow? With whom?

   _____

E. ¿Qué dice Lidia? Listen to the tape again and report what Lidia says using the **ella** form of the verbs.

   _____

   _____

   _____

   _____

Tema 2 • La vida diaria

A. Mi rutina diaria. Listen as Esteban tells you what he does every day. Write the number of each statement below the picture it matches.

a. _____   b. _____   c. _____   d. _____   e. _____

B. Diálogos. You will hear two dialogs from *Tema 2* in your textbook. Listen without reading your book. Rewind the tape as often as you wish and, in Spanish, answer the questions below.

1. (first dialog) Why is Alicia worried?

_____

2. What does Alicia do every hour?

_____

3 (second dialog) Why does Alicia think someone is doing something illegal?

_____

C. ¿Cómo te llevas con tus amigos? Listen as Margarita asks about how you and your best friend get along. Write your answer to each question in the appropriate column.

MODELO: You hear: ¿Se enojan Uds. todos los días?
You write: Nos enojamos todos los días. o No nos enojamos todos los días.

SÍ	NO
Nos enojamos todos los días.	No nos enojamos todos los días.

1. _____   _____

2. _____   _____

3. _____   _____

4. _____   _____

5. _____   _____

6. _____   _____

E. ¿Reflexivo o no? Patricia is learning about reflexives. Indicate whether the statements she makes are reflexive or non-reflexive by circling the appropriate response.

MODELO: You hear: Me lavo el pelo todos los días.
You circle: reflexivo

1. reflexivo   no reflexivo   4. reflexivo   no reflexivo

2. reflexivo   no reflexivo   5. reflexivo   no reflexivo

3. reflexivo   no reflexivo   6. reflexivo   no reflexivo

F. Entrevista. Listen as a friend asks about your daily routine. Answer each question in Spanish in the space provided.

1. _____

2. _____

3. _____

4. _____

5. _____

6. _____

7. _____

Tema 3 • Los fines de semana

A. ¿Qué haces? Listen as Mauricio makes statements about what he wants to do. Read aloud the best suggestion of those listed below and write the number of the corresponding statement next to it.

MODELO: You hear: Necesito estudiar para el examen.
You say: ¿Por qué no vas a la biblioteca?
You write: the number of the Mauricio's statement next to the best suggestion

a. _____ ¿Por qué no vas al centro comercial?

b. _____ ¿Por qué no vas a un club?

c. _____ ¿Por qué no vas al estadio?

d. _____ ¿Por qué no vas al parque?

e. _____ ¿Por qué no vas a un restaurante?

B. Diálogos. You will hear two dialogs from *Tema 3* in your textbook. Listen without reading your book. Rewind the tape as often as you wish and, in Spanish, answer the questions below.

1. (first dialog) What plans do Alicia and Ramón have for the day?

_____

_____

2. (second dialog) Why does Alicia want to go to the abandoned house?

_____

_____

C. ¿Qué haces para…? Listen as Lucía asks what you do to accomplish certain things. After each question say that you go to the logical place listed below and write the number of the question next to it. Then listen and repeat the correct response after the speaker.

MODELO: You hear: ¿Qué haces para divertirte?
You say: Voy a un club.
You write: the number of the question next to the logical place
You hear: Voy a un club.
You repeat: Voy a un club.

a. _____ al gimnasio

b. _____ a un centro comercial

c. _____ al estadio

d. _____ al parque

e. _____ a la playa

f. _____ a un concierto

D. ¿Adónde vas? Listen as Virginia tells you what she wants to do or how she's feeling. Ask her if she is going to a specific place where she can do each activity or satisfy her need. Write your question in the space provided.

MODELO: You hear: Tengo ganas de bailar.
You write: ¿Vas a un club?

1. _____
2. _____
3. _____
4. _____
5. _____
6. _____

E. Entrevista. Listen as a classmate asks how you spend your time. Answer each question with a complete sentence.

1. _____
2. _____
3. _____
4. _____
5. _____
6. _____

F. Cuando voy a un restaurante. Listen as Miguel tells you about his favorite restaurant. Then answer the questions below.

1. Where do Miguel and his friends go?

_____

2. What do they order to drink? What kind of food do they serve at the restaurant?

_____

3. How long do they stay at the restaurant?

_____

Tema 4 • Los planes y las actividades recientes

A. ¿Cuándo? Listen as Gloria makes statements about herself and her family. What is her next logical statement? Circle the statement with **voy a...** if the action is going to happen or the one with **acabo de...** if it has already happened.

MODELO: You hear: Estoy contenta.
               You circle: Acabo de encontrar trabajo.

1. Voy a correr en el parque.   Acabo de correr en el parque.

2. Voy a comer.   Acabo de comer.

3. Van a jubilarse.   Acaban de jubilarse.

4. Voy a dormir.   Acabo de dormir.

5. Va a tener un bebé.   Acaba de tener un bebé.

6. Voy a ir al centro comercial.   Acabo de ir al centro comercial.

B. Diálogo. You will hear a dialog from *Tema 4* in your textbook. Listen to the tape without reading your book. Rewind the tape as often as you wish and, in Spanish, answer the questions below.

1. What is Ramón's secret?

_____

_____

2. What is Alicia's secret?

_____

_____

C. ¿Ahora? Listen as Alfredo asks you some questions. Answer by telling him you are going to do each thing at the times listed below. Then listen and repeat the correct response after the speaker.

MODELO: You hear: ¿Vas a bañarte ahora?
               You see: esta noche
               You say: No. Voy a bañarme esta noche.
               You hear: No. Voy a bañarme esta noche.
               You repeat: No. Voy a bañarme esta noche.

1. la próxima semana
2. en una hora
3. mañana por la mañana
4. en dos horas
5. en tres semanas

D. Mis planes. Listen as Armando tells you about his weekend plans. Then, in Spanish, answer the questions below.

1. What plans does Armando have on Friday?

_____

_____

2. What is Armando doing on Saturday morning?

_____

_____

3. What is Armando doing on Saturday night?

_____

_____

4. Whom does Armando visit on Sunday?

_____

_____

5. What are his grandparents going to do?

_____

_____

E. ¿Cómo se pronuncia? Stop the tape and review the pronunciation section on page 145 of your textbook. Next, look at the words below and decide whether each **b** or **v** is pronounced similarly to the *b* sound in English or with the lips pressed less tightly together than when pronouncing an English *b*. Then turn the tape back on and repeat the words after the speaker.

baño	viaje	bebo	botas	viernes
volver	sábado	llevar	nervioso	

Now repeat the following statements after the speaker:

1. Benito y yo acabamos de vernos el viernes.
2. Vamos a vernos otra vez.
3. Va a volver el sábado.
4. Nos llevamos bien.
5. Nos divertimos bastante.
6. Vamos a beber vino y bailar el mambo.

Lección 5
Una entrevista

Tema 1 • El tiempo y la fecha

A. ¿Qué tiempo hace? Listen as Antonio asks about the weather and the seasons. Write the number of each statement next to the most logical response below.

MODELO: You hear: ¿Qué tiempo hace en el otoño?
You write: the number of this statement next to Llueve

a. _____ Hace frío.

b. _____ diciembre, enero y febrero

c. _____ junio, julio y agosto

d. _____ Hace fresco.

e. _____ Hace calor.

f. _____ marzo, abril y mayo

B. Diálogo. You will hear a dialog from *Tema 1* in your textbook. Listen without reading your book. Rewind the tape as often as you wish and, in Spanish, answer the questions below.

1. When does Olga arrive in Buenos Aires?

_____

2. Is Olga's interview near or far from where René lives?

_____

C. ¿Lógico o ilógico? You will hear some statements about the weather. Circle **lógico** if the statement makes sense, **ilógico** if it does not.

MODELO: You hear: En el verano hace calor.
You circle: lógico

1. lógico   ilógico

2. lógico   ilógico

3. lógico   ilógico

4. lógico   ilógico

5. lógico   ilógico

6. lógico   ilógico

D. Números. You will hear a series of numbers. First, write each number in numerals. Then spell it out.

1. _____
2. _____
3. _____
4. _____
5. _____
6. _____

E. Fechas. You will hear a series of dates. Write each one following the model.

MODELO: You hear: El veintiuno de septiembre de mil ochocientos cincuenta.
                You write: 21 de septiembre de 1850.

1. _____
2. _____
3. _____
4. _____
5. _____
6. _____

F. Entrevista. Listen as Alejandro asks you questions about your birthday. Then answer the questions in Spanish in the space provided.

1. _____
2. _____
3. _____
4. _____
5. _____
6. _____

G. ¿Cómo se pronuncia? Stop the tape and review the pronunciation section on page 191 of your textbook. Then turn the tape back on, listen, and repeat the words or names you hear after the speaker. Decide whether the vowel i in each word or name is pronounced as a separate syllable from the following vowel or as part of a diphthong. If it is a separate syllable, write an accent on it.

| cien | mia | ciencia | Mario |
| biologia | Victoria | Maria | |

Tema 2 • La ropa y los colores

A. ¿Lógico o ilógico? You will hear six brief dialogs. Circle **lógico** if the dialog makes sense, **ilógico** if it doesn't.

MODELO: You hear: —¿En qué puedo servirle?
                            —No importa el precio.
            You circle: ilógico

1. lógico   ilógico   4. lógico   ilógico

2. lógico   ilógico   5. lógico   ilógico

3. lógico   ilógico`   6. lógico   ilógico

B. Diálogos. You will hear two dialogs from *Tema 2* in your textbook. Listen without reading your book. Rewind the tape as often as you wish and, in Spanish, answer the questions below.

1. (first dialog) Why does Olga need to buy a dress?

_____

2. (second dialog) Give all the details about what Olga buys (size, color, cost, etc.).

_____

_____

C. ¿Éste o ése? You're out shopping with your friend Linda. She shows you different items, but you criticize her choice by saying what is written below. Then listen and repeat the correct response after the speaker.

MODELO: You hear: ¿Te gusta este vestido?
            You see: muy feo
            You say: No. Ése es muy feo.
            You hear: No. Ése es muy feo.
            You repeat: No. Ése es muy feo.

1. muy caros
2. muy grande
3. de mala calidad
4. muy feas
5. muy pequeño

D. ¿Cuál prefieres? You're out shopping with Dora. She shows you several items and asks if you like each one. Indicate that you prefer the other one(s) that are on the counter. Circle your answer below.

MODELO: You hear: ¿Te gusta este vestido?
          You circle: No. Prefiero ése.

1. No. Prefiero ése.	No. Prefiero ésos.	No. Prefiero ésa.	No. Prefiero ésas.
2. No. Prefiero ése.	No. Prefiero ésos	No. Prefiero ésa	No. Prefiero ésas.
3. No. Prefiero ése.	No. Prefiero ésos.	No. Prefiero ésa.	No. Prefiero ésas.
4. No. Prefiero ése.	No. Prefiero ésos.	No. Prefiero ésa.	No. Prefiero ésas.
5. No. Prefiero ése.	No. Prefiero ésos.	No. Prefiero ésa.	No. Prefiero ésas.
6. No. Prefiero ése.	No. Prefiero ésos.	No. Prefiero ésa.	No. Prefiero ésas.

E. ¿Éste o el otro? You're out shopping with Antonio. He shows you several items and asks if you like each one. Indicate that you prefer the items listed below and write your response in the space provided.

MODELO: You hear: ¿Te gusta este traje de cuadros?
          You see: rayas
          You write: No. Prefiero el de rayas.

1. grises _____

2. verde _____

3. estampada _____

4. cuero _____

5. lana _____

6. rayas _____

F. ¿Lógico o ilógico? You will hear some statements about clothing. Circle **lógico** if the statement makes sense, **ilógico** if it does not.

MODELO: You hear: Cuando voy a una boda uso corbata y camiseta.
          You circle: ilógico

1. lógico	ilógico		4. lógico	ilógico
2. lógico	ilógico		5. lógico	ilógico
3. lógico	ilógico		6. lógico	ilógico

G. Entrevista. Listen as a classmate asks you about your color and shopping preferences. Then answer the questions in Spanish in the space provided.

1. _____

2. _____

3. _____

4. _____

5. _____

Tema 3 • Una solicitud de empleo

A. Datos personales. Listen as Carlota asks for personal data for a job application. Then write the information in Spanish in the space provided.

1. _____
2. _____
3. _____
4. _____
5. _____
6. _____

B. Diálogos. You will hear two dialogs from *Tema 3* in your textbook. Listen without reading your book. Rewind the tape as often as you wish and, in Spanish, answer the questions below.

1. (first dialog) Where did Olga study?

_____

2. Name the places where Olga has lived.

_____

3. (second dialog) Where did Olga get experience in advertising?

_____

4. Why would Olga like to work for this company?

_____

C. ¿Cuál es su profesión? Listen as Manuel describes the professions of some people. After each statement, write the profession he is describing in the space provided.

MODELO: You hear: Mario enseña en la escuela.
You write: Es maestro.

1. _____
2. _____
3. _____
4. _____
5. _____
6. _____
7. _____

D. ¿Qué hiciste ayer? Listen as Yolanda tells you what she did yesterday. Then listen to the questions and answer them in Spanish in the space provided.

1. _____
2. _____
3. _____
4. _____
5. _____
6. _____
7. _____
8. _____

E. Más datos personales. You and José are rehearsing for a job interview. Listen to his questions and answer them in Spanish in the space provided.

1. _____
2. _____
3. _____
4. _____
5. _____

F. Entrevista. Listen as your classmate interviews you about what you did yesterday. Then answer the questions below.

1. _____
2. _____
3. _____
4. _____
5. _____
6. _____

Tema 4 • El día de ayer

A. ¿Dónde? Listen as Roberto makes some statements about what he did yesterday. Circle **en casa, en la universidad, o en el restaurante** according to the most logical place where the activity took place. Then listen and repeat the correct response after the speaker.

MODELO: You hear: Me lavé el pelo.
You circle: en casa
You hear: Me lavé el pelo en casa.
You repeat: Me lavé el pelo en casa.

1. en casa   en la universidad   en el restaurante

2. en casa   en la universidad   en el restaurante

3. en casa   en la universidad   en el restaurante

4. en casa   en la universidad   en el restaurante

5. en casa   en la universidad   en el restaurante

6. en casa   en la universidad   en el restaurante

7. en casa   en la universidad   en el restaurante

8. en casa   en la universidad   en el restaurante

9. en casa   en la universidad   en el restaurante

10. en casa   en la universidad   en el restaurante

B. Diálogos. You will hear two dialogs from *Tema 4* in your textbook. Listen to the tape without reading your book. Rewind the tape as often as you wish and, in Spanish, answer the questions below.

1. (first dialog) Which of the two interviews was better?

_____

2. What did Olga give the head of personnel in the second interview?

_____

3. (second dialog) Did Olga get a call from the first or the second interview?

_____

4. Why is René not happy?

_____

C. Ayer. First, listen as Leticia talks about what she did yesterday. Then listen to the questions and answer them in the space provided.

1. _____
2. _____
3. _____
4. _____
5. _____
6. _____

D. Mi entrevista de trabajo. First, listen as Francisco tells you about his first job interview. Then listen to the questions and answer them in the space provided.

1. _____
2. _____
3. _____
4. _____
5. _____
6. _____
7. _____
8. _____

E. Entrevista. Listen as Liliana interviews you about your best friend. Then answer the questions in Spanish below.

1. _____
2. _____
3. _____
4. _____

F. ¿Cómo se pronuncia? Stop the tape and review the pronunciation section on page 191 of your textbook. Indicate whether the **c** or **g** in the words is pronounced hard or soft by placing an X in the appropriate space next to each word. Then turn the tape back on and repeat each word as you check your work.

	SOFT	HARD		SOFT	HARD
cuero	_____	_____	genio	_____	_____
cero	_____	_____	gitano	_____	_____
cajero	_____	_____	gas	_____	_____
civil	_____	_____	geometría	_____	_____

Video Manual

Preparación

A. ¿Qué piensa? ¿Cuánto sabe? Answer the following questions before viewing the video that accompanies *Lección 6.*

1. How do you think people dress in Ecuador?
2. What are the three major ethnic groups in the Andean countries?
3. What is the climate like there?
4. What do you think an office in Quito looks like?
5. Do you think **tú** or **usted** is used more in the workplace?
6. What do you think workday hours are in Quito?
7. What kinds of public transportation would you expect to see in Quito?
8. Do you think co-workers socialize with each other more in the U.S. and Canada

B. En acción. Watch the opening sequence of the video. Then, check one or more of the choices to complete each statement below.

1. La casa de Marta Floresta es …

_____ moderna.

_____ grande.

_____ elegante.

_____ verde.

2. Cuando se saludan, Hilda y Sol…

_____ se dan la mano.

_____ se abrazan.

_____ no hacen nada en especial.

_____ se besan en la cara.

3. Para llegar al trabajo, Randy…

_____ camina.

_____ toma un taxi.

_____ toma el autobús.

_____ maneja su coche.

4. … compra una manzana antes de llegar al trabajo.

_____ Marta

_____ Sol

_____ Aris

_____ Hilda

5. Antes de llegar al trabajo, Aris …

_____ compra el periódico.

_____ se lustra *(shines)* los zapatos.

_____ desayuna en un café.

_____ pasa por el banco.

Los compañeros de trabajo, página 200.

A. La llegada. View the first part of the video clip. Then, turn to page 199 in your textbook and check your answers to *Activity F.*

B. En silencio. Watch the video clip without sound beginning with Randy and Marta's greeting. Use visual cues such as gestures and facial expressions to imagine what the situation is and try to supply the appropriate dialog.

C. ¿Cuánto recuerda? Turn to page 200 in your textbook and follow the dialog as you view the video clip. Then, answer the following questions.

1. ¿A quién conoce Randy?
2. ¿Quién es Marta Floresta?
3. ¿Cómo es la oficina?
4. ¿Quién es Sol?
5. ¿Cuál es el apellido de Aris? ¿Es un apellido común?
6. ¿De dónde son los abuelos de Randy?

D. ¿Prestó atención? Review the dialog and corresponding video clip. Then, answer these questions.

1. En el diálogo en su libro, el teléfono interrumpe a Sol mientras Marta le presenta a Randy. ¿Qué o quién la interrumpe en el video?

2. Marta le dice a Randy, "Puedes llamarme Marta", porque …

_____ es tan joven como Randy.

_____ ya se conocen muy bien.

_____ son muy informales en la oficina.

E. Y ahora Ud. Answer these questions about yourself.

1. ¿Cuál es su apellido?
2. ¿Cómo se escribe?
3. ¿De dónde son sus padres? ¿sus abuelos?
4. ¿Quién fue la última persona a quien Ud. conoció por primera vez?
5. ¿Cómo es esa persona?

F. Repase y actúe. Now that you have seen the video clip, close your book and work with a group of classmates to recreate the dialog as best you can. Other members of the class will supply missing details or make suggestions to expand the dialog.

G. Minidrama. Role-play the following situation: Randy arrives at a party where the only person he knows is Leti, who arrived before him. Leti greets him and introduces him to some of the other guests.

El horario y el trabajo, página 202.

A. ¿Cuánto recuerda? Turn to page 202 in your textbook and follow the dialog as you view the video clip. Then, answer the following questions.

1. ¿Qué tienen que hacer Sol y Randy?
2. ¿A qué hora prefiere Randy empezar el día?
3. ¿Por qué prefiere empezar a esa hora?
4. ¿A qué hora sale del trabajo?
5. ¿Prefiere Randy escribir cartas o sacar fotocopias?

B. ¿Observó Ud.? Check the correct choice to complete each statement based on what you saw in the video clip.

1. Sol lleva …

_____ un vestido.

_____ una chaqueta de cuadros.

_____ un suéter de rayas.

2. Randy lleva …

_____ un suéter.

_____ una camiseta.

_____ un traje y una corbata.

C. Y ahora Ud. Answer these questions about yourself.

1. ¿Qué tiene que hacer Ud. hoy?
2. ¿A qué hora empieza Ud. el día?
3. ¿A qué hora sale de la universidad?
4. ¿Qué prefiere hacer, tomar un examen o escribir un ensayo?

D. Repase y actúe. Now that you have seen the video clip, close your book and work with a group of classmates to recreate the dialog as best you can. Other members of the class will supply missing details or make suggestions to expand the dialog.

E. Minidrama. Role-play the following situation: Leti's nephew, a university student, will soon begin working part-time at her company. They meet in order to plan his schedule.

Una llamada telefónica, página 204.

A. ¿Cuánto recuerda? Turn to page 204 in your textbook and follow the dialog as you view the video clip. Then, answer the following questions.

1. ¿A quién llama Randy por teléfono?
2. ¿Le gusta a Randy su nueva oficina?
3. ¿Cómo son la jefa y los compañeros de trabajo?
4. ¿A qué hora va a llegar Randy a la casa?
5. ¿A qué hora sale Leti del trabajo?
6. ¿Randy y Leti van a salir esta noche? ¿Adónde?
7. ¿Qué van a festejar?

B. Y ahora Ud. Answer these questions about yourself.

1. ¿Trabaja Ud.? ¿Dónde?
2. ¿Cómo son sus compañeros de trabajo? ¿sus compañeros de clase?
3. ¿Qué va a hacer Ud. hoy después de clase?
4. ¿A qué hora llega a la casa?

5. ¿Quién espera a Ud. en casa?
6. ¿Cuando fue la última vez que salió para festejar algo? ¿Con quién fue?

C. Lo que leyó y lo que escuchó. Review the dialog and the corresponding video clip. Then, answer these questions about what you read and what you heard.

1. En el texto Ud. leyó las siguientes palabras de Leti: "¿Quieres salir a comer para festejar tu primer día en el nuevo trabajo?" ¿Qué escuchó Ud. en el video?

_____ ¿Quieres salir a cenar para festejar tu primer día en el nuevo trabajo?

_____ ¿Quieres salir a comer para festejar el primer día del nuevo trabajo?

_____ ¿Quieres salir a comer para festejar el primer día en tu nuevo trabajo?

2. ¿Quién va a llegar a la casa primero, Randy o Leti? ¿Cómo lo sabe Ud.?

D. Repase y actúe. Now that you have seen the video clip, close your book and work with a group of classmates to recreate the dialog as best you can. Other members of the class will supply missing details or make suggestions to expand the dialog.

E. Minidrama. Role-play the following situation: You're speaking on the phone with a close friend, your roommate, or your significant other after an important day. Make plans to go out for dinner to celebrate the occasion.

Tomándonos un café, página 206.

A. En silencio. Watch the video clip without sound. Use visual cues such as gestures and facial expressions to imagine what the situation is and try to supply the appropriate dialog.

B. ¿Cuánto recuerda? Turn to page 206 in your textbook and follow the dialog as you view the video clip. Then, answer the following questions.

1. ¿A quién conoce Randy en el café?
2. ¿Cómo le gusta el café a Randy?
3. ¿Por qué está Randy en Ecuador?

C. ¿Observó Ud.? Review the dialog and the corresponding video clip. Then, complete these statements based on what you see and hear.

1. El Café Real está en …

_____ la Plazuela del Teatro.

_____ la Plaza de San Francisco.

_____ la Placita de Santa Teresa.

2. En el texto, Guille dice "Ahora vengo.", pero en el video dice …

_____ "Ahora regreso."

_____ "Ahora voy."

_____ "Ahora vuelvo."

D. Y ahora Ud. Answer these questions about yourself.

1. ¿Toma Ud. café con los compañeros de trabajo? ¿con los compañeros de clase?
2. ¿Adónde van para tomar café?
3. ¿Cómo le gusta el café a Ud.? ¿Prefiere tomar té?
4. ¿Por qué está Ud. en la cuidad donde vive?

E. Repase y actúe. Now that you have seen the video clip, close your book and work with a group of classmates to recreate the dialog as best you can. Other members of the class will supply missing details or make suggestions to expand the dialog.

F. Minidrama. Role-play the following situation: You go out for coffee with a group of friends and chat about what is going on in each other's lives.

En el almuerzo, página 208.

A. ¿Observó Ud.? Review the dialog on page 208 of your textbook and the corresponding video clip. Then, complete these statements based on what you see and hear.

1. El restaurante está en una zona …

_____ moderna.

_____ colonial.

2. … es la única persona de la oficina que no está en el restaurante con los demás.

_____ Hilda

_____ Aris

_____ Marta

_____ Sol

B. ¿Cuánto recuerda? Answer the following questions based on the dialog.

1. ¿Cuántos hermanos tiene Randy?
2. ¿Viven con sus padres?
3. ¿Cuánto tiempo hace que se murió la mamá de Randy?
4. ¿Randy tiene sobrinos?
5. ¿Por qué no tienen hijos Randy y Leti?

C. Y ahora Ud. Answer these questions about yourself.

1. ¿Tiene Ud. hermanos? ¿Cuántos?
2. ¿Dónde viven sus padres? ¿Quiénes viven con ellos?
3. ¿Tiene hijos Ud.? ¿Piensa tener hijos algún día?
4. ¿Cuáles son sus planes este fin de semana?

D. Repase y actúe. Now that you have seen the video clip, close your book and work with a group of classmates to recreate the dialog as best you can. Other members of the class will supply missing details or make suggestions to expand the dialog.

E. Minidrama. Role-play the following situation: Leti's nephew is having lunch with some of his new classmates. They talk about their families and future plans for marriage and children, and make more immediate plans for the weekend.

Una reunión con la jefa, página 210.

A. En silencio. Watch the video clip without sound. Use visual cues such as gestures and facial expressions to imagine what the situation is and try to supply the appropriate dialog.

B. Observe y deduzca. Turn to page 210 in your textbook and follow the dialog as you view the video clip. Then, answer the following questions based on what you see and hear.

1. ¿Qué hora es probablemente? ¿Cómo lo sabe Ud.?
2. En el texto, Randy dice, "Nos tomamos un café juntos por la mañana y salimos a almorzar también." ¿Qué dice en el video?

_____ "Nos tomamos un café juntos y salimos a almorzar en la tarde también."

_____ "Tomamos un café juntos por la mañana y salimos a almorzar también."

_____ "Nos tomamos un café por la mañana y salimos a almorzar también."

C. ¿Cuánto recuerda? Answer the following questions based on the dialog.

1. ¿De quién se despidió Randy antes de reunirse con Marta?
2. ¿Cómo le fue el día a Randy?
3. ¿Qué hizo hoy en el trabajo?
4. ¿Quién le ayudó a organizar el día?
5. ¿Adónde fue con los compañeros de trabajo?
6. ¿Cómo le pareció el trabajo?
7. ¿Cómo piensa Randy que le va a ir en el trabajo?

D. Y ahora Ud. Answer these questions about yourself.

1. ¿Qué les dice Ud. a sus amigos cuando se despide de ellos?
2. ¿Cómo le fue ayer en la universidad?
3. ¿Por qué le fue bien/mal?
4. ¿Se divirtió ayer en clase?

E. Repase y actúe. Now that you have seen the video clip, close your book and work with a group of classmates to recreate the dialog as best you can. Other members of the class will supply missing details or make suggestions to expand the dialog.

F. Minidrama. Role-play the following situation: Leti and her nephew are talking after his first day on the job. She asks him how his day went and what he thought of his co-workers.

Lección 7
Los recuerdos

Tema 1 • La niñez

A. De niño. Listen as several people make statements about their childhood. Decide whether the behavior in each statement would generally be seen as that of a **niño bueno** or a **niño malo** and circle your choice.

MODELO: You hear: De niño escuchaba bien en clase.
You circle: niño bueno

1. niño bueno   niño malo   6. niño bueno   niño malo

2. niño bueno   nino malo   7. niño bueno   niño malo

3. niño bueno   niño malo   8. niño bueno   niño malo

4. niño bueno   niño malo   9. niño bueno   niño malo

5. niño bueno   niño malo   10. niño bueno   niño malo

B. Diálogo. You will hear a dialog from *Tema 1* in your textbook. Listen without reading your book. Rewind the tape as often as you wish and, in Spanish, answer the question below.

Según la madre de Francesca, ¿cómo era el padre de Francesca?

_____

C. En la escuela secundaria. Listen as several people make statements about their activities as teen-agers. Use one of the adverbs in the box to write a statement that indicates how often you did each activity when you were in high school.

MODELO: You hear: Iba a los partidos de fútbol americano.
You write: Nunca iba a los partidos de fútbol americano. o Casi siempre
iba a los partidos de fútbol americano.

nunca	casi siempre	todos los días
con frecuencia	a veces	todos los fines de semana

1. _____

2. _____

3. _____

4. _____

5. _____

6. _____

7. _____

8. _____

D. Mi niñez. Listen as a classmate describes her childhood and write in the missing words below.

Cuando yo _____ niña, _____ muy feliz. _____ en Puerto Rico con mi padre y mi hermano. _____ en San Juan con mis abuelos. _____ una casa muy bonita. _____ muy felices. Mis abuelos _____ juntos en una oficina. Mi padre _____ profesor de inglés y _____ mucho. Mi hermano y yo _____ a la escuela y a mí _____ . Para divertirnos, _____, _____ y _____ la televisión.

E. Entrevista. Listen as a friend asks you questions about your childhood. Then answer his questions in the space provided.

1. _____
2. _____
3. _____
4. _____
5. _____
6. _____
7. _____

Tema 2 • Las costumbres

A. En Puerto Rico. You will hear a series of statements about life in Puerto Rico. Circle cierto or falso to indicate whether each statement is true or false. Then rewrite each false statement to make it true. (HINT: Reread *Activity A* on page 234 of your textbook to review certain aspects of life in Puerto Rico.)

MODELO: You hear: No se come comida criolla.
You circle: falso
You write: En Puerto Rico se come la comida criolla.

1. cierto   falso _____

2. cierto   falso _____

3. cierto   falso _____

4. cierto   falso _____

5. cierto   falso _____

6. cierto   falso _____

B. ¿Dónde? You will hear a series of statements about the advertisements below. Decide which of the advertised stores best matches each statement. Write your answer in the space provided.

MODELO: You hear: Se fabrican diseños exclusivos.
You write: Se fabrican diseños exclusivos en la tienda *Baby Bel*.

1. _____

2. _____

3. _____

4. _____

5. _____

6. _____

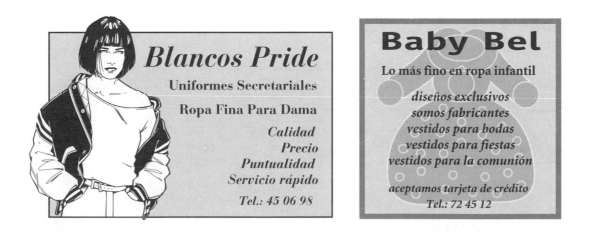

Blancos Pride
Uniformes Secretariales
Ropa Fina Para Dama
Calidad
Precio
Puntualidad
Servicio rápido
Tel.: 45 06 98

Baby Bel
Lo más fino en ropa infantil
diseños exclusivos
somos fabricantes
vestidos para bodas
vestidos para fiestas
vestidos para la comunión
aceptamos tarjeta de crédito
Tel.: 72 45 12

C. Diálogo. You will hear a dialog from *Tema 2* in your textbook. Listen without reading your book. Rewind the tape as often as you wish and, in Spanish, answer the questions below.

1. ¿Cómo era la madre de Francesca cuando era joven?

_____

2. ¿Cómo era la vida cuando la madre de Francesca era joven?

_____

D. La vida de antes. Listen as Francesca's mother describes what life was like in Puerto Rico. Then complete her observations by writing in the missing words below.

En mi juventud, _____ simplemente. _____ fácilmente trabajo. _____ mucho tiempo con la familia y _____ mucho. La vida _____ fácil y uno no _____ mucho. _____ poca delincuencia y _____ poco las drogas. Tampoco _____ contaminación del ambiente en todas partes como ahora.

E. La vida de hoy. Stop the tape and rewrite the paragraph in *Activity D* to make it true for today.

MODELO: Ahora se vive simplemente también... o Ahora no
         se vive simplemente...

Ahora _____

_____

_____

_____

_____

Tema 3 • Los acontecimientos

A. La madre de Francesca. Listen as María tells Francesca about various episodes in her life. Then decide which of the events below she is describing. Circle your response.

MODELO: You hear: Fue un momento muy difícil en mi vida. Me sentía
                      muy sola con una niña y sin esposo.
          You circle: el divorcio

1. el noviazgo	la boda	la luna de miel	el nacimiento	el divorcio
2. el noviazgo	la boda	la luna de miel	el nacimiento	el divorcio
3. el noviazgo	la boda	la luna de miel	el nacimiento	el divorcio
4. el noviazgo	la boda	la luna de miel	el nacimiento	el divorcio
5. el noviazgo	la boda	la luna de miel	el nacimiento	el divorcio
6. el noviazgo	la boda	la luna de miel	el nacimiento	el divorcio
7. el noviazgo	la boda	la luna de miel	el nacimiento	el divorcio

B. Preguntas. You will hear several questions about your childhood. Answer each question in Spanish in the space provided.

1. _____

2. _____

3. _____

4. _____

5. _____

6. _____

C. Diálogo. You will hear a dialog from *Tema 3* in your textbook. Listen without reading your book. Rewind the tape as often as you wish and, in Spanish, answer the questions below.

1. ¿Cómo fue la boda de María y Enrique?

_____

2. ¿Por qué estaba nerviosa María?

_____

D. ¿Por qué? You will hear several statements. Write the number of each statement beside the most logical explanation for it. Then listen and repeat the entire statement and explanation after the speaker.

MODELO: You hear: Compré limonada.
             You write: the number of this statement beside **Tenía sed**
             You hear: Compré limonada porque tenía sed.
             You say: Compré limonada porque tenía sed.

a. _____ Tenía frío.

b. _____ Necesitaba comprar ropa.

c. _____ Estaba sucia.

d. _____ Tenía sueño.

e. _____ Era mi cumpleaños.

f. _____ No había comida en casa.

g. _____ Llovía.

h. _____ Tenía hambre.

E. ¿Pretérito o imperfecto? Listen as María makes a series of statements about her wedding. Decide whether the verb in each statement is in the preterite or the imperfect and circle your choice.

MODELO: You hear: Tuvimos una boda grande.
             You circle: pretérito

1. pretérito   imperfecto

2. pretérito   imperfecto

3. pretérito   imperfecto

4. pretérito   imperfecto

5. pretérito   imperfecto

6. pretérito   imperfecto

7. pretérito   imperfecto

8. pretérito   imperfecto

9. pretérito   imperfecto

10. pretérito   imperfecto

Tema 4 • Los cuentos

A. Ricitos de oro. Fill in the missing verbs as you listen to the story of *Goldilocks and the Three Bears* (**Ricitos de oro y los tres osos**).

É rase una vez una familia de osos que _____ (1) en un bosque. _____ (2) un papá, una mamá y un niño. Su casa pequeña sólo _____ (3) una cocina, una sala y un dormitorio. No _____ (4) baño porque los osos _____ (5) en el lago que _____ (6) cerca de su casa. Un día la mamá _____ (7) sopa para el almuerzo. Los tres osos probaron la sopa, pero no _____ (8) comerla porque _____ (9) desmasiado caliente. _____ (10) dar un paseo por el bosque mientras que la sopa se enfriaba. Así la familia de osos _____ (11) de paseo en el bosque.

Mientras los osos estaban paseando en el bosque, una niña _____ (12) a su casa. _____ (13) el pelo rizado color de oro y por eso _____ _____ (14) Ricitos de oro. _____ (15) a la casa de los osos porque _____ (16) perdida en el bosque y _____ (17) ayuda. No _____ (18) que era casa de osos. Ricitos de oro llamó a la puerta pero nadie _____ (19). _____ (20) a llamar varias veces sin respuesta y, después de unos minutos, _____ (21) la puerta y _____ (22) en la casa de los osos.

Al entrar en la casa, _____ (23) la sopa servida en la mesa y como _____ (24) mucha hambre, _____ (25) probarla. Primero _____ (26) la sopa del papá, pero no le _____ (27) porque estaba muy caliente. Luego probó la sopa de la mamá. No le _____ (28) tampoco porque _____ (29) demasiado fría. Por fin _____ (30) la sopa del niño y se la tomó toda porque estaba bien sabrosa.

Luego Ricitos de oro _____ (31) a la sala para sentarse. Primero _____ (32) en la silla del papá. No le gustó por que _____ (33) muy dura. La silla de la mamá no le gustó tampoco porque era muy blanda. Por fin _____ (34) en la silla del niño. Su silla le gustó mucho porque era muy cómoda pero, desgraciadamente, la silla era muy frágil y se rompió.

Como Ricitos _____ (35) mucho sueño por haber pasado toda la mañana

perdida en el bosque, _____ (36) al dormitorio, donde _____ (37)

en la cama del papá. Pero no _____ (38) dormirse en su cama porque era

muy dura. Luego probó la cama de la mamá, pero era muy blanda. Por fin, probó la cama del

niño y _____ (39) en seguida porque era muy cómoda.

En aquel momento los tres osos _____ (40) del bosque.

_____ (41) a la cocina y el niño exclamó: —¡Alguien se ha tomado toda mi sopa!

Los tres osos _____ (42) a la sala y el niño _____ (43) a llorar y dijo:

—¡Alguien ha roto mi silla!

Luego los tres osos _____ (44) al dormitorio. El niño _____ (45)

a Ricitos de oro y gritó que _____ (46) una niña dormida en su cama.

Al oír el grito del pequeño oso, Ricitos _____(47) . Viendo los tres

osos delante de la puerta, saltó por la ventana y _____ (48) por el bosque

directamente a su casa. Nunca _____ (49) a ver a los tres osos.

B. Simón Bolívar. First reread the biography of Simón Bolívar in *Activity D* on page 254 of your textbook. Then listen to the questions on the tape and answer them in Spanish in the space provided. Use the preterite or the imperfect as appropriate in your responses.

1. _____

2. _____

3. _____

4. _____

5. _____

6. _____

Lección 8
La vida en casa

Tema 1 • Los quehaceres domésticos

A. ¿Dónde? You will hear a series of brief conversations in which two people talk about household tasks. Indicate if each task mentioned is normally done **en el cuarto, en el jardín** or **en la cocina o el comedor.** Circle your responses.

MODELO: You hear: —Voy a preparar la comida.
—Pero ¡mira! No hay nada de comer aquí. ¡Primero vamos al supermercado!

You circle: en la cocina

1. en el cuarto   en el jardín   en la cocina o el comedor

2. en el cuarto   en el jardín   en la cocina o el comedor

3. en el cuarto   en el jardín   en la cocina o el comedor

4. en el cuarto   en el jardín   en la cocina o el comedor

5. en el cuarto   en el jardín   en la cocina o el comedor

6. en el cuarto   en el jardín   en la cocina o el comedor

B. ¿Qué hacer? Rewind the tape and listen to the conversations in Activity A again. List each task mentioned in the appropriate column, according to whether it has already been done or not.

MODELO: You hear: —Voy a preparar la comida.
—Pero ¡mira! No hay nada de comer aquí. ¡Primero vamos al supermercado!

You write: **preparar la comida** and **ir al supermercado** in the column below **todavía necesitan hacerlo.**

	ya se hizo	todavía necesitan hacerlo
MODELO:		preparar la comida ir al supermercado
1. ____		
2. ____		
3. ____		
4. ____		
5. ____		
6. ____		

C. Diálogo. You will hear a dialog from *Tema 1* in your textbook. Listen without reading your book. Rewind the tape as often as you wish and, in Spanish, list the three things Graciela says she has to do before her sister arrives.

_____

D. ¿Qué necesito? Elías is not sure how to do certain household tasks. Confirm that he is right or correct his mistakes, using the appropriate direct object pronoun (**lo, la, los, las**). Then listen and repeat the correct response after the speaker.

MODELO: You hear: –Voy a barrer el piso. ¿Necesito el cortacésped?
         You say: –No, no lo necesitas.
         You hear: –No, no lo necesitas.
         You repeat: –No, no lo necesitas.

         You hear: –Voy a lavar las cortinas. ¿Necesito las cortinas?
         You say: –Sí, las necesitas.
         You hear: –Sí, las necesitas.
         You repeat: –Sí, las necesitas.

1. …
2. …
3. …
4. …
5. …
6. …

E. Los quehaceres domésticos. Listen as a friend asks you about your housework. Answer each question using an object pronoun (**me, te, lo, la, nos, los, las**). Stop the tape after each question to write your answer.

MODELO: You hear: ¿Quién te ayuda en la casa?
         You write: Mi amigo me ayuda. o
                       Mis niños me ayudan. o
                       Nadie me ayuda.

1. _____
2. _____
3. _____
4. _____
5. _____
6. _____

Nombre _____ Fecha _____

Tema 2 • La comida

A. ¿Qué y dónde? You will hear statements about foods and drinks. As you hear each statement, circle the category of each item mentioned: **bebida, legumbre, carne** or **postre**. Then indicate where the conversation would take place by circling **supermercado** or **mesa**.

MODELO: You hear: ¿Cuánto cuesta un kilo de jamón?
You circle: **carne** and **supermercado**

1. bebida	legumbre	carne	postre	supermercado	mesa
2. bebida	legumbre	carne	postre	supermercado	mesa
3. bebida	legumbre	carne	postre	supermercado	mesa
4. bebida	legumbre	carne	postre	supermercado	mesa
5. bebida	legumbre	carne	postre	supermercado	mesa
6. bebida	legumbre	carne	postre	supermercado	mesa
7. bebida	legumbre	carne	postre	supermercado	mesa
8. bebida	legumbre	carne	postre	supermercado	mesa
9. bebida	legumbre	carne	postre	supermercado	mesa

B. Diálogo. You will hear a dialog from *Tema 2* in your textbook. Listen without reading your book. Rewind the tape as often as you wish and, in Spanish, list the two items Verónica buys at the market.

_____

C. ¿Qué ingredientes? Listen as people describe the dishes or meals they plan to make. List at least three of the necessary items or ingredients for each one. Stop the tape after each statement in order to write your answer.

1. _____
2. _____
3. _____
4. _____
5. _____
6. _____
7. _____

D. Sugerencias. Listen as people describe their health habits. Suggest how each one might improve his or her lifestyle. Use the appropriate **usted** command form in your response. Then listen and repeat the correct response after the speaker.

MODELO: You hear: —Como mucha carne.
　　　　　You say: —No coma mucha carne.
　　　　　You hear: —No coma mucha carne.
　　　　　You repeat: —No coma mucha carne.

MODELO: You hear: —Bebo poca leche.
　　　　　You say: —Beba más leche.
　　　　　You hear: —Beba más leche.
　　　　　You repeat: —Beba más leche.

1. …　　　　　　　　5. …
2. …　　　　　　　　6. …
3. …　　　　　　　　7. …
4. …

E. ¿Qué debo hacer? Listen as Jorge asks if he should eat or drink certain things. Give him an affirmative response. Use an affirmative command form with an object pronoun in your response. Then listen and repeat the correct response after the speaker.

MODELO: You hear: —¿Debo comer el postre?
　　　　　You say: —Sí, cómalo.
　　　　　You hear: —Sí, cómalo.
　　　　　You repeat: —Sí, cómalo.

1. …　　　　　2. …　　　　　3. …　　　　　4. …

F. Mis hijos. Listen as a friend expresses his concerns about his teen-aged children. Then listen to the questions and answer them in Spanish in the space provided.

1. _____
2. _____
3. _____
4. _____

G. Mandatos. Your friend has asked you to help straighten his kids out. Rewind the tape and listen again to the concerns he expresses in *Activity F.* Then stop the tape and write down at least four things you would tell these teen-agers to do. Use the appropriate **ustedes** command form in your response.

1. _____
2. _____
3. _____
4. _____

Tema 3 • En la cocina

A. ¿Qué utensilios? Listen as several people say what they want to do in the kitchen. Offer each person the utensil and dish that he or she will need. Then listen and repeat the correct response after the speaker.

MODELO: You hear: —Quiero comer una ensalada.
             You say: —Aquí tiene un tenedor y un plato.
             You hear: —Aquí tiene un tenedor y un plato.
             You repeat: —Aquí tiene un tenedor y un plato.

1. ...   5. ...
2. ...   6. ...
3. ...   7. ...
4. ...

B. Recetas. Listen as the ingredients for two recipes are read. As you hear the ingredients, write the missing words in the space provided.

Camarones ricos

Ingredientes

2 _____

1 diente de _____ mezclado con un poquito de _____

1/2 _____ limpios

2 cucharadas de _____ limón

2 cucharadas de _____

1/2 _____

Torta de naranja

Ingredientes

_____ de mantequilla dulce

10 tazas de _____

2 docenas de _____

_____ de cáscara de naranja, rallada fresca

_____ extracto de naranja

13 1/2 tazas de _____ sin levadura para tortas, sin cernir

_____ de bicarbonato de soda

_____ concentrado

4 tazas de _____ agria

Manteca vegetal sólida

C. Diálogo. You will hear a dialog from *Tema 3* in your textbook. Listen without reading your book. Rewind the tape as often as you wish and, in Spanish, complete the statements below.

1. Para preparar la salsa Mornay primero se necesita _____

2. No se usa todo el huevo. Se usa solamente la _____

D. Mandatos. Yolanda would like her daughter to do certain things. Write an appropriate command based on what Yolanda says. Be sure to use the **tú** form. Then listen and repeat the correct response after the speaker.

MODELO: You hear: ¿Por qué nunca cierras la puerta?
         You say: Por favor, cierra la puerta.
         You hear: Por favor, cierra la puerta.
         You repeat: Por favor, cierra la puerta.

         You hear: No es bueno comer el postre de tu hermano.
         You say: Por favor, no comas el postre de tu hermano.
         You hear: Por favor, no comas el postre de tu hermano.
         You repeat: Por favor, no comas el postre de tu hermano.

1. …   3. …   5. …   7. …   9. …
2. …   4. …   6. …   8. …

E. Más mandatos. Now rewind the tape and listen to Yolanda's statements again. Rewrite each command, replacing the direct object with a pronoun.

MODELO: You hear: ¿Por qué nunca cierras la puerta?
                       Por favor, cierra la puerta.
         You write: Por favor, ciérrala.

         You hear: No es bueno comer el postre de tu hermano.
                       Por favor, no comas el postre de tu hermano.
         You write: Por favor, no lo comas.

1. _____

2. _____

3. _____

4. _____

5. _____

6. _____

7. _____

8. _____

9. _____

Tema 4 • Las diferencias y semejanzas

A. ¿Sabes lo que comes? You will hear a series of statements about food. Circle **cierto** or **falso** to indicate whether each one is true or false. Correct the statements that are false. Stop the tape to write your answers.

1. cierto   falso _____
2. cierto   falso _____
3. cierto   falso _____
4. cierto   falso _____
5. cierto   falso _____
6. cierto   falso _____
7. cierto   falso _____
8. cierto   falso _____

B. Diálogo. You will hear a dialog from *Tema 4* in your textbook. Listen without reading your book. Rewind the tape as often as you wish and, in Spanish, answer the questions below.

1. ¿Se parecen mucho Graciela y Francesca?

   _____

2. ¿Quién es mayor? ¿Quién es más alta?

   _____

C. Mi familia. Write answers to the questions you hear about your family. If the question refers to a family member you do not have, use expressions like **en mi familia no hay...** or **no tengo...** .

1. _____
2. _____
3. _____
4. _____
5. _____
6. _____
7. _____
8. _____
9. _____

D. ¿Quién es? You will hear ten statements. Write a sentence that names the person or group that, in your opinion, best matches each statement.

MODELO: You hear: Es el mejor cantante del mundo (*in the world*).
You write: Julio Iglesias es el mejor cantante del mundo.

1. _____
2. _____
3. _____
4. _____
5. _____
6. _____
7. _____
8. _____
9. _____
10. _____

E. Entrevista. A friend wants to know if you are taking care of yourself. Answer his questions in Spanish in the space provided.

1. _____
2. _____
3. _____
4. _____
5. _____
6. _____
7. _____

Lección 9
Un viaje

Tema 1 • Los preparativos

A. ¿Lógico o ilógico? Listen as people make statements about their travel preparations and activities. Indicate if the sequence of events in each statement is **lógico** or **ilógico**. Circle your response.

MODELO: You hear: Primero, consulté las guías turísticas y después hice un itinerario.
              You circle: lógico

1. lógico	ilógico	5. lógico	ilógico
2. lógico	ilógico	6. lógico	ilógico
3. lógico	ilógico	7. lógico	ilógico
4. lógico	ilógico		

B. Asociaciones. Listen as more people describe their travel preparations. Write the name of the place you associate with each statement.

MODELO: You hear: Voy a comprar unas guías turísticas.
              You write: la librería

1. _____   4. _____

2. _____   5. _____

3. _____   6. _____

C. Diálogo. You will hear a dialog from *Tema 1* in your textbook. Listen without reading your book. Rewind the tape as often as you wish and, in Spanish, complete the statements below.

1. El señor Loya ya ha cambiado dinero y ha hecho reservaciones para el hotel. Todo está

    _____ para el viaje.

2. El señor cree que van a ser unas vacaciones muy _____

D. De vacaciones. Listen as people talk about their preferred vacation activities. Match the tastes of each one to an appropriate vacation spot by writing the number of his or her statement beside the corresponding place.

a. _____ en una ciudad grande   c. _____ en un país extranjero

b. _____ en el campo   d. _____ en una isla tropical

E. Durante las vacaciones. Would Mrs. Loya want to hear her husband say that the following things have happened during their vacation? Circle **sí** or **no**.

MODELO: You hear: Los niños se han perdido.
           You circle: no

1. sí   no   4. sí   no

2. sí   no   5. sí   no

3. sí   no   6. sí   no

F. Después de las vacaciones. After returning to Costa Rica, Mrs. Loya tells a neighbor what happened while she was on vacation. Rewind the tape and listen to *Activity E* again, rewriting each statement in the preterite.

MODELO: You hear: Los niños se han perdido.
           You write: Los niños se perdieron.

1. _____

2. _____

3. _____

4. _____

5. _____

6. _____

G. Entrevista. Listen as a friend asks questions about your vacation activities. Answer each question using the present perfect verb form in your response.

MODELO: You hear: ¿Has hecho un viaje recientemente?
           You write: Sí, he hecho un viaje recientemente. o No, no he hecho un
                        viaje recientemente.

1. _____

2. _____

3. _____

4. _____

5. _____

6. _____

Tema 2 • En el hotel

A. En Madrid. You and your best friend are spending six days in Madrid. You are checking in at the hotel desk. Write answers to the receptionist's questions in the space provided.

1. _____

2. _____

3. _____

4. _____

5. _____

6. _____

B. Diálogo. You will hear a dialog from *Tema 2* in your textbook. Listen without reading your book. Rewind the tape as often as you wish and, in Spanish, answer the questions below.

1. Describa la habitación de los Loya. _____

_____

2. ¿Cómo se llega a la habitación? _____

_____

C. El hotel. Listen as people make statements about their hotel stays. For each statement, decide which item is being referred to and place a check in the appropriate column.

	la habitación	la calefacción	el ascensor	la cama	el baño	el desayuno
MODELO	✓					
1.						
2.						
3.						
4.						
5.						
6.						
7.						
8.						
9.						

D. Los planes. First listen as a couple makes vacation plans. Then complete the statements below with **por** or **para** and indicate if each statement is **cierto** or **falso**.

MODELO: You see: Jorge quiere ir a Niza _____ practicar su francés. _____
            You write: *para* and *cierto*

1. Jorge quiere ir a Francia _____ conocer este país. _____

2. Anita quiere ir a las montañas _____ montar a caballo. _____

3. La ciudad de Niza es un buen sitio _____ ir al la playa. _____

4. Jorge y Anita necesitan una habitación en el hotel _____ seis noches. _____

5. Van a reservar una habitación _____ dos personas. _____

6. Van a reservar una habitación _____ esta semana. _____

7. Jorge dijo que una habitación valía 100 francos _____ noche. _____

8. Van a ir _____ la autopista y van a pasar _____ Paris. _____

Now rewind the tape and listen to the conversation again. Rewrite the false statements above so that they are true.

_____

_____

_____

_____

_____

E. Entrevista. Listen as a friend asks what is important in life for you and people you know. Answer her questions, using the appropriate prepositional pronoun.

MODELO: You hear: Para tí, ¿qué es importante en la vida?
            You write: Para mí, la familia es importante.

el dinero	las vacaciones	la familia	los amigos
el amor	las ideas	la religión	los estudios
la salud	la moda	el trabajo	el tiempo libre

1. Para _____

2. Para _____

3. Para _____

4. Para _____

5. Para _____

Nombre _____ Fecha _____

Tema 3 • Las direcciones

A. El mapa. You will hear two sets of directions. Look at the map of Madrid below and imagine you are leaving the **Biblioteca Nacional y Museo Arqueólogico.** Trace the directions you hear and indicate where you end up.

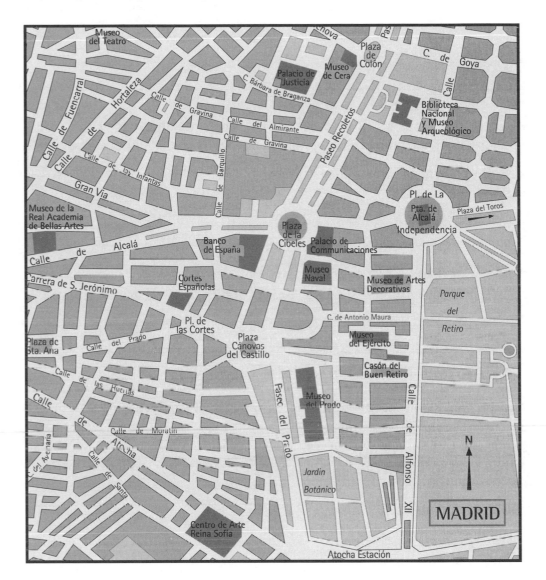

1. _____

2. _____

B. Diálogo. You will hear a dialog from *Tema 3* in your textbook. Listen without reading your book. Rewind the tape as often as you wish and, in Spanish, answer the questions below.

1. ¿Cuántas pesetas vale un colón? _____

2. ¿Cuántos colones quiere cambiar el señor? _____

C. ¿Dónde estás? You will hear descriptions of several business locations. Write the name of each place described in the space provided.

MODELO: You hear: Aquí se cambia cheques de viajero.
You write: el banco

1. _____ 5. _____

2. _____ 6. _____

3. _____ 7. _____

4. _____ 8. _____

D. En tu ciudad. Listen as a friend describes where different people need to go in your city. Give your recommendations, using an indirect object pronoun (**me, te, le, nos, les**) in each response.

MODELO: You hear: Tu mejor amiga quiere cortarse el pelo.
You see: A ella,
You write: A ella, le recomiendo la peluquería Short Waves.

1. A tí, _____

2. A ella, _____

3. A él, _____

4. A ustedes, _____

5. A ellos, _____

6. A ellas, _____

E. ¿Quién podría ser? You will hear a series of statements. Which of your acquaintances does each one describe? Write complete sentences.

MODELO: You hear: Le encanta bailar.
You write: A mi amigo Joaquín le encanta bailar.

1. _____

2. _____

3. _____

4. _____

5. _____

F. Me gusta España. Listen as a woman talks about vacationing in Spain. Then complete the statements below.

1. Sobre todo le interesan _____

_____

2. No le interesan _____

3. Este año le falta _____

Tema 4 • En el restaurante

A. Preguntas en el restaurante. Listen to people talking in a restaurant. Decide whether each statement is something one would normally say before or after the main dish is served. Circle your response.

1. antes	después	5. antes	después
2. antes	después	6. antes	después
3. antes	después	7. antes	después
4. antes	después		

B. Diálogo. You will hear a dialog from *Tema 4* in your textbook. Listen without reading your book. Rewind the tape as often as you wish and, in Spanish, answer the questions below.

1. ¿Qué van a comer los niños? _____

_____

2. ¿Y los padres? _____

_____

C. Tipos de comida. You will hear people make statements about various foods or dishes. Decide in which category each one belongs and place a check in the appropriate column.

	ENTREMESES	PLATO PRINCIPAL	VERDURAS	POSTRES
MODELO:			✓	
1.				
2.				
3.				
4.				
5.				
6.				
7.				
8.				
9.				

D. En el restaurante. Your best friend is taking you out for dinner for your birthday. Write answers to the waiter's questions in the space provided.

1. _____
2. _____
3. _____
4. _____
5. _____
6. _____
7. _____
8. _____

E. ¿Qué dice el camarero? Listen to the questions a customer asks the waiter. Answer affirmatively, as if you were the waiter, using two object pronouns in your response. Then listen and repeat the correct response after the speaker.

MODELO: You hear: ¿Puede Ud. traernos la carta de vinos por favor?
            You say: Sí, se la puedo traer.
            You hear: Sí, se la puedo traer.
            You repeat: Sí, se la puedo traer.

1. …
2. …
3. …
4. …
5. …
6. …
7. …

F. Mi viaje. Listen as Sara tells you about her trip. Then answer the questions in Spanish in the space provided.

1. _____
2. _____
3. _____
4. _____
5. _____

Lección 10
En la carretera

Tema 1 • Las sugerencias

A. Una guía turística. Look at the photographs of tourist spots in Spain on page 350 of your textbook. As you hear a guide describe each place, write its name in the space provided.

1. _____

2. _____

3. _____

4. _____

5. _____

6. _____

Now rewind the tape and listen again, completing the descriptions below:

1. Este monasterio está situado a _____ minutos de Barcelona.

2. Antonio Gaudí se cargó de la construcción de esta iglesia entre los años _____ y _____.

3. Los Sanfermines se celebran el _____ de julio.

4 La construcción de este palacio empezó en el siglo (*century*) _____

5. Construido entre _____ y _____, es la catedral gótica más grande del mundo.

6. Este monumento romano cuenta con _____ columnas.

B. Diálogo. You will hear a dialog from *Tema 1* in your textbook. Listen without reading your book. Rewind the tape as often as you wish and do the activity below:

Who would more likely say the following, la Señora Loya, el Señor Loya, Alejandro, or Leti? Write the appropriate names in the space provided.

1. _____ Quiero ver la Alhambra.

2. _____ No me gusta visitar los edificios antiguos.

3. _____ Vamos a correr con los toros en Pamplona.

4. _____ No hablemos más de correr con los toros.

C. ¿Una descripción o una sugerencia? You will hear Mrs. Loya make several statements. For each one, indicate whether she is using the present indicative to describe what her family is doing (**una descripción**) or a **nosotros** command to make a suggestion (**una sugerencia**). Circle your answer and write the form of the verb you hear in the space provided on the right.

MODELO: You hear: No salgamos esta noche. Estoy cansada.
You circle: una sugerencia
You write: salgamos

1. una descripción   una sugerencia _____

2. una descripción   una sugerencia _____

3. una descripción   una sugerencia _____

4. una descripción   una sugerencia _____

5. una descripción   una sugerencia _____

D. No quiero que…. You are chaperoning a group of students on a trip to Spain. Listen as they indicate their plans and tell them you do not want them to do what they are planning to do. Then listen and repeat the correct response after the speaker.

MODELO: You hear: Vamos a correr con los toros en Pamplona.
You say: No quiero que corran con los toros en Pamplona.
You hear: No quiero que corran con los toros en Pamplona.
You repeat: No quiero que corran con los toros en Pamplona.

1. …   4.…
2. …   5.…
3. …   6.…

E. El sabelotodo. You are traveling with a friend who thinks he knows everything. Listen to his predictions and say whether or not you hope each one will happen. Then listen and repeat the correct response after the speaker.

MODELO: You hear: El tren va a llegar tarde.
You say: Ojalá que el tren no llegue tarde. /
You hear: Ojalá que el tren no llegue tarde. /
You repeat: Ojalá que el tren no llegue tarde. /

1. …   4.…
2. …   5.…
3. …   6.…

F. Las vacaciones. Listen as a young couple plans their vacation. Write the suggestions that each one makes in the space provided.

Él: _____

Ella: _____

Tema 2 • En el coche

A. El coche. You will hear several people make statements about their cars. Write the name of the part of the car described in the space provided.

MODELO: You hear: Está desinflada. Necesitas repararla.
             You write: la llanta

1. _____   4. _____

2. _____   5. _____

3. _____   6. _____

B. Letreros. Listen as a teacher in a driver's education course for Spanish-speaking immigrants describes several road signs. Write the number of each description below the corresponding sign.

a. _____   b. _____   c. _____

d. _____   e. _____   f. _____

C. Diálogo. You will hear a dialog from *Tema 2* in your textbook. Listen without reading your book. Rewind the tape as often as you wish and, in Spanish, answer the questions below.

1. ¿Por cuánto tiempo alquilan el coche?

_____

2. ¿Qué necesita darle el Sr. Loya al empleado?

_____

3. ¿Qué necesitan hacer antes de devolver el coche?

_____

D. ¿Quién debe hacerlo? Listen as Mrs. Loya says what she wants done and indicate whether she is telling her husband to do each thing or saying that she will do it herself. Circle your answer.

1. la señora Loya   su esposo

2. la señora Loya   su esposo

3. la señora Loya   su esposo

4. la señora Loya   su esposo

5. la señora Loya   su esposo

6. la señora Loya   su esposo

7. la señora Loya   su esposo

8. la señora Loya   su esposo

E. Lo siento. Listen as a friend complains about his car and his wife's driving habits. React to each complaint using the logical phrase from each pair. Circle the phrase you use. Then listen and repeat the correct response after the speaker.

MODELO: You hear: Tenemos un coche nuevo.
            You say: Es bueno que tengan un coche nuevo.
            You circle: Es bueno que…
            You hear: Es bueno que tengan un coche nuevo.
            You repeat: Es bueno que tengan un coche nuevo.

1. Es malo que…   Es bueno que…

2. Me alegro de que…   Es una lástima que…

3. Siento que…   Es bueno que…

4. Me alegro de que…   Es malo que…

5. Me encanta que…   Me sorprende que…

6. Es malo que…   Me gusta que…

F. En el taller. Listen to a conversation between a garage mechanic and a customer. Then, in Spanish answer the questions below.

1. ¿Qué necesita el cliente que haga el mecánico? _____

_____

2. ¿Qué más quiere que haga? _____

_____

Tema 3 • En la calle

A. Seguro para el carro. You have gone to buy insurance for a new car and the agent asks you a number of questions. Write a complete sentence in Spanish to answer each one.

1. _____

2. _____

3. _____

4. _____

5. _____

6. _____

7. _____

8. _____

B. Diálogo. You will hear a dialog from **Tema 3** in your textbook. Listen without reading your book. Rewind the tape as often as you wish and, in Spanish, answer each question below.

1. ¿Qué está haciendo la Sra. Loya? _____

2. ¿Dónde quiere quedarse la Sra. Loya? _____

3. ¿Adónde va el Sr. Loya? _____

4. ¿Qué hace Alejandro? _____

C. ¿Lo cree o lo duda? You will hear a series of statements. Circle **lo cree** or **lo duda** to indicate whether the speaker believes or has doubts about what is happening. Then write the form of the verb in the dependent clause in the appropriate column on the right.

MODELO: You hear: Dudo que el motor arranque.
         You circle: **Lo duda**
         You write: **arranque** in the column headed *Subjunctive*.

		SUBJUNCTIVE	INDICATIVE
1. Lo cree.	Lo duda.	_____	_____
2. Lo cree.	Lo duda.	_____	_____
3. Lo cree.	Lo duda.	_____	_____
4. Lo cree.	Lo duda.	_____	_____
5. Lo cree.	Lo duda.	_____	_____
6. Lo cree.	Lo duda.	_____	_____
7. Lo cree.	Lo duda.	_____	_____

D. De vacaciones. Listen as some friends with whom you are on vacation describe how things are going. Express your feelings about each situation, using the logical expression of emotion from each pair listed below. Circle the expression you use. Then listen and repeat the correct response after the speaker.

MODELO: You hear: Los niños se ponen mal.
You say: Temo que los niños se pongan mal.
You circle: Temo que…
You hear: Temo que los niños se pongan mal.
You repeat: Temo que los niños se pongan mal.

1. Siento que…   Me alegro de que…

2. Me gusta que…   Me molesta que…

3. Temo que…   Estoy contento/a que…

4. Me encanta que…   Siento que…

5. Me alegro de que…   Temo que…

6. Me gusta que…   Temo que…

E. Un reportaje. First listen to a news report about an automobile accident. Then, in Spanish, answer the questions below. Stop the tape in order to write your answers.

1. ¿Qué pasó en la autopista 39? _____

_____

2. ¿Cuántas ambulancias han llegado? _____

_____

3. ¿Hay heridos? _____

_____

4. ¿Por qué vienen los bomberos? _____

_____

5. ¿Cómo está el tráfico? _____

_____

6. ¿Cómo se llama el reportero? _____

_____

Tema 4 • Los medios de transporte

A. En la estación de ferrocarril. You are helping a group of tourists in a train station. Answer each question with a complete sentence in Spanish. Use one of the words listed below.

MODELO: You hear: ¿Dónde podemos esperar?
                You write: Pueden esperar en la sala de espera.

el control de pasaportes	la sala de espera	la taquilla
el horario	la consigna automática	la parada de taxis

1. _____
2. _____
3. _____
4. _____
5. _____

B. Nacionalidades. You are meeting a group of Hispanic students. Listen as each one gives his or her name and nationality, and then ask if he or she is from the nation's capital. Finally, listen and repeat the correct response after the speaker.

MODELO: You hear: Soy Alejandro Zavala. Soy salvadoreño.
                You say: ¿Eres de San Salvador?
                You hear: ¿Eres de San Salvador?
                You repeat: ¿Eres de San Salvador?

1. …
2. …
3. …
4. …
5. …
6. …

C. Diálogos. You will hear a dialog from *Tema 4* in your textbook. Listen without reading your book. Rewind the tape as often as you wish and, in Spanish, answer the questions below.

1. ¿A qué hora hay trenes?

_____

2. ¿Qué teme la señora Loya?

_____

D. ¡Qué lástima! Listen as a friend tells you what's been going on recently. Express your feelings about what your friend tells you, beginning each sentence with **Es bueno que...** or **Es una lástima que....** Then listen and repeat the correct response after the speaker.

MODELO: You hear: No he podido manejar mi coche recientemente.
           You say: Es una lástima que no hayas podido manejar tu coche recientemente.
           You hear: Es una lástima que no hayas podido manejar tu coche recientemente.
           You repeat: Es una lástima que no hayas podido manejar tu coche recientemente.

1. ...
2. ...
3. ...
4. ...
5. ...

E. ¿Qué buscan Uds.? Listen as some tourists ask for directions. Indicate whether they are looking for a specific or a non-specific place or thing and write the form of the verb in the adjective clause in the appropriate column.

MODELO: You hear: ¿Sabe Ud. dónde hay un hotel que no sea muy caro?
           You circle: *non-specific*
           You write: **sea** in the column headed *Subjunctive*.

		SUBJUNCTIVE	INDICATIVE
1. specific	non-specific	_____	_____
2. specific	non-specific	_____	_____
3. specific	non-specific	_____	_____
4. specific	non-specific	_____	_____
5. specific	non-specific	_____	_____
6. specific	non-specific	_____	_____
7. specific	non-specific	_____	_____

F. Un estacionamiento. Listen as some tourists ask for directions and answer the questions below.

1. ¿Qué buscan los turistas? _____

2. ¿Cómo llegan hasta allí? _____

Lección 11
La salud

Tema 1 • El estado físico

A. El cuerpo humano. You will hear a series of statements that mention parts of the body. Write the number of each statement beside the letter that labels each body part in the illustration below.

a. _____

b. _____

c. _____

d. _____

e. _____

f. _____

g. _____

h. _____

B. Diálogos. You will hear two dialogs from *Tema 1* in your textbook. Listen without reading your book. Rewind the tape as often as you wish and, in Spanish, do the activities below.

1. (first dialog) Write down all of the parts of the body that are mentioned.

_____

_____

2. (second dialog) What does Ángel's trainer tell him to do to the things below?

los zapatos: _____

los pies: _____

C. **¿El presente, el pasado o el futuro?** Listen as Ángel discusses his training and indicate whether he is talking about the the present, the past, or the future. Write the verb form in the space on the right.

MODELO: You hear: Corrí quince kilómetros esta mañana.
            You circle: el pasado
            You write: corrí

1. el presente   el pasado   el futuro _____

2. el presente   el pasado   el futuro _____

3. el presente   el pasado   el futuro _____

4. el presente   el pasado   el futuro _____

5. el presente   el pasado   el futuro _____

6. el presente   el pasado   el futuro _____

7. el presente   el pasado   el futuro _____

D. En el futuro. Listen as a friend asks about your plans for the summer. Answer each question with a complete sentence in Spanish in the space provided.

1. _____

2. _____

3. _____

4. _____

E. El itinerario. You are on a guided tour of Mexico City. Listen as the guide describes the itinerary for the day and note what you will do at different times. The first activity has been filled in as an example.

8:00	Desayunaremos.	16:00
9:00		17:00
10:00		18:00
11:00		19:00
12:00		20:00
13:00		21:00
14:00		22:00
15:00		23:00

Tema 2 • La salud y la vida moderna

A. La vida moderna. Listen as some conditions and problems of modern life are defined. Write the Spanish word corresponding to each definition you hear in the space provided.

MODELO: You hear: la fuerza usada contra un familiar
          You write: la violencia doméstica

la narcomanía	la incertidumbre	el estado de ánimo
la violencia doméstica	la intolerancia	el alcoholismo
la pérdida de un ser querido	el desempleo	la depresión

1. _____

2. _____

3. _____

4. _____

5. _____

6. _____

7. _____

8. _____

B. Diálogo. You will hear a dialog from *Tema 2* in your textbook. Listen without reading your book. Rewind the tape as often as you wish and circle all the modern-day problems you hear mentioned.

el estrés	la presión	el alcoholismo
la violencia	la incertidumbre	la pérdida de un ser querido
el desempleo	la intolerancia	la depresión
los drogadictos		

Now rewind the tape and listen to the conversation between Ángel and Paola again. What would Ángel do if he left the hospital? How would things be? Write two sentences.

_____

_____

C. En un mundo mejor. Listen as Paola describes how things would be in a better world. Write in the missing words.

1. _____ una cura para _____ como el cáncer y el S.I.D.A.

2. No _____ mujeres ni _____ .

3. Todos los _____ encontrar ayuda.

4. _____ no existirían.

5. Los _____ trabajo.

6. La gente _____ .

7. Nadie viviría _____ .

8. Todos _____ en buen _____ .

D. En una clínica privada. Listen as Ángel makes some statements and circle **el presente** if he is describing his current situation at the hospital, or circle **el condicional** if he is imagining how it would be if he worked in a private clinic. Then write the form of the verb in the space on the right.

MODELO: You hear: No habría tanta tensión.
            You circle: el condicional
            You write: habría

1. el presente   el condicional   _____

2. el presente   el condicional   _____

3. el presente   el condicional   _____

4. el presente   el condicional   _____

5. el presente   el condicional   _____

6. el presente   el condicional   _____

7. el presente   el condicional   _____

8. el presente   el condicional   _____

9. el presente   el condicional   _____

10. el presente   el condicional   _____

Tema 3 • El bienvivir

A. En el campamento de verano. Listen as Amanda describes her activities while away at camp. After each description, stop the tape and write a sentence saying when you last did the same activity.

MODELO: You hear: Hice cien abdominales esta tarde.
               You write: Hice abdominales anteayer. o Nunca he hecho abdominales.

1. _____
2. _____
3. _____
4. _____
5. _____
6. _____

Now rewind the tape, listen to Amanda's statements again, and list the body parts used for each activity.

MODELO: You hear: Hice cien abdominales esta tarde.
               You write: la cintura, la espalda, las caderas

1. _____
2. _____
3. _____
4. _____
5. _____
6. _____

B. Diálogos. You will hear a dialog from *Tema 3* in your textbook. Listen without reading your book and circle the activities below that you hear mentioned.

el patinaje	el boxeo	el hockey	la jardinería	el salto de altura
el ciclismo	la gimnasia	la natación	la lucha libre	el clavado

Now rewind the tape, listen again, and complete the statements below.

1. Los niños podrán divertirse bastante en _____

2. Algún día Alejandro aprenderá a _____

C. ¿Futuro o condicional? Is Ángel using the future to say what he *will do* or the conditional to say what he *would do* under certain conditions? Circle your answer and write the form of the verb in the space on the right.

MODELO: You hear: Sin esta ampolla podría correr diez kilómetros más.
            You circle: el condicional
            You write: podría

1. el futuro   el condicional _____

2. el futuro   el condicional _____

3. el futuro   el condicional _____

4. el futuro   el condicional _____

5. el futuro   el condicional _____

6. el futuro   el condicional _____

Now rewind the tape, listen to Ángel's statements again, and answer the questions below. Stop the tape after each statement in order to write your answer.

1. ¿Qué ne podrá hacer mañana? _____

2. ¿Qué haría mañana normalmente? _____

3. ¿Adónde iría después de correr? _____

4. Con la ampolla, ¿qué podrá hacer? _____

5. ¿Qué tendrá que comprar? _____

6. ¿Qué no tendría con otros zapatos? _____

D. Los dolores abdominales. You are listening to a call-in show about physical fitness. Listen to the caller's question and the host's response and complete the statements in the space provided.

El hombre que llama tiene dolores _____ (1). Cree que son

causados por _____ (2). El especialista duda que la leche

_____ (3). Le recomienda que

_____ (4) que

_____ (5) y

que _____ (6)

Tema 4 • La atención médica

A. Una herida. Listen to the instructions on how to care for a child's cut and write in the missing words below.

Si su hijo _____ (1), primero limpie

_____ (2) con agua. Coloque un poco de papel higiénico sobre la

herida, presionándolo por unos minutos para contener la hemorragia. Cuando no se vea más

_____ (3), póngale una _____ (4).

B. ¿Ha estado enfermo o enferma? You will hear a series of questions about your health. Answer each question in Spanish in the space provided.

1. _____

2. _____

3. _____

4. _____

5. _____

6. _____

7. _____

C. Diálogo. You will hear a dialog from *Tema 4* in your textbook. Listen without reading your book. Rewind the tape as often as you wish and, in Spanish, answer the questions below.

1. ¿Qué necesitan los pacientes que vienen con heridas graves?

_____

2. ¿Qué síntomas tiene Rafael?

_____

3. Según Ángel, ¿qué podría ser? ¿Qué le puede recetar?

_____

D. Una semana activa. You will hear a series of suggestions for working exercise into your busy schedule . As you listen, fill in the missing words below.

1. Cuando _____ la próxima vez, en lugar de mirar cómo juegan, participa con ellos.

2. Esta noche mientras _____ las noticias, _____ y trota en lugar.

3. Si _____ este fin de semana, quédate treinta minutos más _____, dando unas vueltas rápidas del centro.

4. Si _____ con un amigo, _____ alrededor del cine.

5. Si tu hijo _____ a un deporte, dale una vuelta al terreno cuando _____ a entrenarse la próxima vez.

E. ¿Qué harás? You will hear several questions about your future. Answer each question in Spanish with a complete sentence below.

1. _____
2. _____
3. _____
4. _____
5. _____
6. _____
7. _____
8. _____

F. ¿Cómo será? Speculate about your Spanish instructor by writing a complete sentence in Spanish to answer each question.

1. _____
2. _____
3. _____
4. _____
5. _____
6. _____

Video Manual

Preparación

A. Antes de ver. Think back to what you saw in the video for *Lección 6.* Then, answer the following questions before viewing the video that accompanies *Lección 12.*

1. How is Quito both modern and old?
2. Do you know any cities like it in the United States or Canada?
3. What kind of consumer products are sold in Latin America by North American, European and Asian companies?
4. Are the people in Quito mostly of European descent, or are they mostly of native American origin?

B. En acción. Watch the opening sequence of the video. Then check one or more of the choices to complete each statement below.

1. Las mujeres que lavan ropa lo hacen…
   _____ en la lavandería.
   _____ a mano.
   _____ con una máquina de lavar.

2. Cassandra toma café…
   _____ en un restaurante.
   _____ en la cafetería cerca de su oficina.
   _____ en el balcón de su casa.

3. Mientras toma café, Cassandra…
   _____ habla por teléfono.
   _____ lee el periódico.
   _____ se pone maquillaje.

4. En el camino al trabajo, Cassandra compra…
   _____ un café.
   _____ agua mineral.
   _____ agua mineral.

Cassandra está de jefa, página 430.

A. En silencio. Watch the video clip without sound and with your books closed. Use visual cues such as gestures and facial expressions to imagine what the situation is and try to supply the appropriate dialog.

B. ¿Cuánto recuerda? Turn to page 430 in your textbook and follow the dialog as you view the video clip. Then, answer the following questions.

1. ¿Por qué va a estar fuera de la oficina Emilio?
2. ¿Qué quiere que haga Cassandra?
3. ¿A qué quiere Emilio que todo el mundo se dedique hoy?
4. ¿Quién es el cliente importante?
5. ¿Cuándo es la reunión con este cliente?

C. Lo que leyó y lo que escuchó. Review the dialog and the corresponding video clip. Then, answer these questions about what you read and what you heard.

1. En el texto Ud. leyó las siguientes palabras de Cassandra: "¿Quiere que le haga algo?"
   _____ ¿Quiere que haga algo en especial?
   _____ ¿Quiere que le haga algo especial?
   _____ ¿Quiere que diga algo en especial?

2. En el texto Ud. leyó las siguientes palabras de Emilio: "Así que vamos a hacer todo lo posible para tener esto listo para la reunión con ellos esta tarde". ¿Qué escuchó Ud. en el video?

_____ Así que tenemos que hacer todo para tener esto listo para la reunión con ellos esta tarde.

_____ Así que debemos tener esto listo para la reunión que con ellos tendremos esta tarde.

_____ Así que debemos hacer todo lo que podemos para tener esto listo para la reunión que con ellos tendremos esta tarde.

D. ¡Qué bien habla! You may have noticed that Cassandra speaks Spanish very well. Although she is, like Randy Tankovitch in *Lección 6,* from the United States, her grandparents and her mother are from Puerto Rico, so she grew up speaking both Spanish and English at home. Review the dialog and corresponding video clip paying special attention to the lines from the dialog that follow. What lesson would you suggest that Cassandra review in your textbook? Why? Explain on a separate sheet of paper.

¿Quiere que le haga algo [en especial]?

¿Qué quieres que le diga a la gente?

E. Repase y actúe. Close your book and work with a group of your classmates to recreate the dialog as best you can. Other members of the class will supply missing details or make suggestions to expand the dialog.

F. Minidrama. Role-play the following situation: The boss will be away from the workplace for a few days and leaves instructions with an employee who will be left in charge. Look back at the **¡Trato hecho!** sections of your textbook to decide in what type of workplace your minidrama takes place.

Un empleado nuevo, página 434.

A. ¿Cuánto recuerda? Follow the dialog as you view the video clip. Then, answer the questions.

1. ¿Para cuándo necesita José Luis el empleado nuevo?
2. ¿Tiene suficiente gente ahora para realizar todos los proyectos?
3. ¿Qué cualidades busca en el nuevo empleado?
4. ¿Qué sugiere Cassandra?
5. ¿Adónde van a llevar el anuncio? ¿Para qué?

B. Y ahora Ud.

1. ¿Ha buscado Ud. trabajo alguna vez?
2. ¿Cómo supo del trabajo? ¿Leyó un anuncio en el periódico?
3. ¿Qué cualidades tiene Ud.?

C. Lo que leyó y lo que escuchó. Review the dialog and the corresponding video clip. Then, answer these questions about what you read and what you heard.

1. En el diálogo Ud. leyó las siguientes palabras de José Luis: "Tenemos tres o cuatro proyectos grandes que nos llegan esta semana y no podemos terminarlos con la gente que tenemos." ¿Qué escuchó en el video?

_____ Tenemos tres o cuatro proyectos grandes que nos llegan esta semana y no los podemos terminar con la gente que tenemos.

_____ Tenemos tres o cuatro proyectos que nos llegan esta semana y no podemos terminarlos con la gente que tenemos.

_____ Tenemos tres o cuatro proyectos grandes que nos llegan esta semana y no podemos terminar con la gente que tenemos.

2. En el diálogo Ud. leyó las siguientes palabras de Cassandra: "¿Por qué no escribimos el anuncio ahora, lo llevas directamente al Comercio para que salga en el número de mañana?" ¿Qué escuchó en el video?

_____ ¿Por qué no escribimos el anuncio para que lo lleves directamente al Comercio para que salga en el número de mañana?

_____ ¿Por qué no escribimos el anuncio ahora mismo, y lo llevas directamente al Comercio para que salga en el número de mañana?

_____ ¿Por qué no escribimos el anuncio ahora mismo, para que lo lleves directamente al Comercio para que salga en el número de mañana?

D. ¡Qué bien habla! Remember that Cassandra grew up speaking both Spanish and English in the home, so it is to be expected that she will sometimes have trouble with false cognates. Can you find the problem in this question she asks José Luis? Explain the problem on a separate sheet of paper.

"Entonces, ¿cuáles son las características y calidades que esta persona debe tener?"

E. Repase y actúe. Close your book and work with a group of your classmates to recreate the dialog as best you can. Other members of the class will supply missing details or make suggestions to expand the dialog.

F. Colaboración. Working with a classmate, review the **¡Trato hecho!** section of each lección in your textbook. Choose three and make a list of the qualities a person needs to be successful in each area. Then write a classified ad seeking a new employee in each of the three fields chosen.

El jefe regresa, página 436.

A. ¿Cuánto recuerda? Follow the dialog as you view the video clip. Then, answer the questions.

1. ¿Qué ha pasado desde que se fue Emilio?
2. ¿Cuántos vuelos diarios hay por fin?
3. ¿Qué pasa con los colores y la composición?
4. ¿Qué falta, aparte de los vuelos?

B. Y ahora Ud.

1. ¿Cuál fue el último proyecto que Ud. realizó con otras personas?
2. ¿Quién hizo qué para realizar el proyecto?
3. ¿Supervisó el proyecto Ud. u otra persona?
4. ¿Qué cualidades necesita tener una persona para supervisar un proyecto?

C. Lo que leyó y lo que escuchó. Review the dialog and the corresponding video clip. Then, answer these questions about what you read and what you heard.

1. En el diálogo Ud. leyó las siguientes palabras de Cassandra: "Andy ha dejado eso en blanco para poder agregárselo al último momento." ¿Qué escuchó en el video?

_____ Andy ha dejado ese espacio en blanco para poder agregarlo al último momento.

_____ Andy dejó eso en blanco para poder agregárselo al último momento.

_____ Andy dejó ese espacio en blanco para poder agregar esa información al último momento.

2. En el diálogo Ud. escuchó las siguientes palabras de Cassandra: "Lo único que falta, aparte de los vuelos, es que usted lo revise todo y entonces Federico lo llevará al impresor."
¿Qué escuchó en el diálogo?

_____ Lo único que falta, aparte de los vuelos, es que usted lo revise todo antes que Federico lo lleve al impresor.

_____ Lo único que falta, aparte de los vuelos, es que lo revises todo y entonces Federico lo llevará al impresor.

_____ Lo único que falta, aparte de los vuelos, es que lo revises todo y luego Federico lo llevará al impresor.

D. Repase y actúe. Close your book and work with a group of your classmates to recreate the dialog as best you can. Other members of the class will supply missing details or make suggestions to expand the dialog.

E. Colaboración y minidrama. Role-play the following situation: Imagine that your Spanish class is a small advertising agency. Working in teams of three or four, design an ad, in Spanish, for your university bookstore. One or two students will act as los jefes, circulating around the room and asking about the progress each team is making.

Posibles anuncios, página 438.

A. En silencio. Watch the first part of the video clip without sound and with your books closed. Use visual cues such as gestures and facial expressions to imagine what the situation is and try to supply the appropriate dialog.

B. ¿Cuánto recuerda? Follow the dialog as you view the video clip. Then, answer the following questions.

1. ¿Qué quiere saber Emilio?
2. ¿Qué opina Federico del anuncio?
3. Según Federico, ¿funcionan los colores?

C. ¿Observó Ud.? Watch the video clip again and answer the following questions.

1. ¿Qué miembro del equipo no está del todo convencido que el anuncio funciona? ¿Qué dice del anuncio?
2. ¿Los otros miembros logran convencerlo? ¿Qué dice al final?

D. Repase y actúe. Close your book and work with a group of your classmates to recreate the dialog as best you can. Other members of the class will supply missing details or make suggestions to expand the dialog.

E. Minidrama. Role-play the following situation: Remember *Activity E* from the previous section? Each team of *publicistas* now presents its bookstore ad to the rest of the class for a vote on which is the best.

Answer Key

Lección 1 • En la universidad

Tema 1 • Los nombres y las clases

A. Saludos.

1. evening/night
2. morning
3. afternoon
4. morning

B. Diálogos.

1. (first dialog) Antonio Martínez
2. Isabel
3. (second dialog) Soy de…
   Sí, soy estudiante en la universidad. Estudio español,…

C. ¿Cómo se escribe?

1. universidad
2. contabilidad
3. química
4. japonés
5. geografía

D. ¿Lógico o ilógico?

1. ilógico (Me llamo…)
2. lógico
3. ilógico (Estudio inglés, biología, etc.)
4. ilógico (Sí, soy estudiante.)
5. lógico

E. ¿El compañero o el presidente?

1. compañero de clase
2. presidente del banco
3. presidente del banco
4. presidente del banco
5. compañero de clase
6. compañero de clase
7. presidente del banco
8. compañero de clase

F. Entrevista.

1. Me llamo…
2. (Mi apellido) se escribe…
3. Estudio…
4. Estudio en…
5. Soy de…
6. Mi profesor o profesora de español es…

G. ¿Cómo se pronuncia?

uno, dos, tres, cuatro, cinco

Tema 2 • Las presentaciones

A. Te presento a…

1. Ud.
2. tú
3. tú
4. Ud.

B. Diálogos.

1. (first dialog) Carlos Martínez, Silvia
2. (second dialog) bien, un poco cansado
3. muy bien, muy ocupada

C. ¿Cómo está?

a. 3.
b. 2.
c. 1.
d. 4.

D. ¿Cómo estoy?

1. -
2. +
3. -
4. -

F. ¿Cómo se pronuncia?

Confundido, informática, administración, Martínez, contabilidad

Tema 3 • Los números y la hora

A. ¿Qué hora es?

2, 4, 3, 1, 5

B. Diálogo.

lunes, miércoles, y viernes: contabilidad a las 9 AM, informática a las 11 AM, inglés a las 3 PM

C. ¿Qué días?

1. martes: clase de informática
2. sábados: estudio
3. lunes, miércoles y viernes: clase de español
4. sábado: televisión
5. martes y jueves: clase de física
6. lunes, miércoles y viernes: clase de historia

D. Números.

1. 41   cuarenta y uno
2. 14   catorce
3. 99   noventa y nueve
4. 175   ciento setenta y cinco
5. 150   ciento cincuenta

E. Números de teléfono.

1. El número de Felipe es el 471-5385.
2. El número de Jimena es el 692-1231.
3. El número de Rosa es el 724-4960.
4. El número de Alberto es el 397-1629.
5. El número de Mariana es el 778-2849.

F. Entrevista.

1. Tengo clase los…
2. Mi primera clase es a las…
3. Mi última clase es a las…
4. Estudio en …
5. Estudio los…

6. Los viernes por la noche estoy en…
7. Los domingos por la tarde estoy en…
8. Mi programa favorito de televisión es a las…

Tema 4 • La clase

A. ¿Qué hay y dónde?

1. en el salón de clase: profesora, una puerta, un estante, una ventana, unos estudiantes
2. en el escritorio: un bolígrafo, una calculadora, una computadora

B. Diálogo..

una ventana, dos sillas, un escritorio, un estante, una cama

C. ¿Cuánto cuesta?

1. El lápiz cuesta 79 centavos.
2. La calculadora cuesta 34 dólares con 95 centavos.
3. El libro de español cuesta 54 dólares con 50 centavos.
4. El escritorio cuesta 195 dólares con 99 centavos.

D. ¿Uno o más?

1. unos estudiantes
2. un estudiante
3. un estudiante
4. un estudiante
5. unos estudiantes

E. Preguntas.

1. Significa listen.
2. Se escribe i/n/g/l/é/s.
3. Está en la página…
4. Se dice libro.
5. Se escribe l/i/b/r/o.

Lección 2 • Después de las clases

Tema 1 • La universidad y los amigos

A. ¿Cómo es la universidad?

1. grande
2. bonitos
3. vieja
4. aburridos
5. difíciles
6. feas

B. Diálogos.

1. (first dialog) En España no hay residencias. No hay muchas actividades sociales en la universidad.
2. el fútbol americano y el básquetbol
3. los cafés y el cine
4. (second dialog) Son muy buenos. El profesor de contabilidad es un poco aburrido pero es simpático.

C. ¿Cómo son los amigos de Gabriela?

1. Ana es conformista.
2. Sara es optimista.
3. Miguel es extrovertido.
4. Francisco es serio.
5. Carlos es realista.
6. Susana es trabajadora.
7. Roberto es generoso.

D. El verbo ser.

1. María es extrovertida.
2. Los estudiantes son simpáticos.
3. Ramón y yo somos generosos.
4. La oficina es agradable.
5. Cecilia es atlética.
6. La residencia es nueva.
7. Manuel es egoísta.
8. La clase es interesante.

E. Entrevista.

1. Me llamo…
2. Estudio química…
3. Soy de…
4. Soy estudiante.
5. Soy alto/a, delgado/a…
6. Mi profesor o profesora de español es agradable…
7. Me gusta más la clase de…
8. No me gusta la clase de…

Tema 2 • Los pasatiempos

B. Diálogos.

1. (first dialog) ir a tomar un café
2. (second dialog) ir al café, la clase de literatura

C. Infinitivos.

1. (first dialog) hacer, hacer, ir, tomar, ir, estudiar
2. (second dialog) ir, ir, hacer, descansar, terminar, ir

D. ¿Lógico o ilógico?

1. ilógico. Quiero descansar.
2. lógico
3. ilógico. No me gusta trabajar (mucho).
4. ilógico. Me gusta la comida mexicana.
5. ilógico. No me gusta hablar mucho.
6. lógico

F. ¿Quieres ir ?

1. Carlos tells Ricardo that he and Silvia are going to a cafe.
2. Silvia says that there are going to be a lot of students from class.
3. Ricardo cannot go with them because he has to finish the math homework.
4. He cannot go in the afternoon because he has to work.

G. Entrevista.

1. Esta noche necesito…
2. Después de clase me gustaría…
3. Los sábados me gusta…
4. Los lunes tengo que…
5. Prefiero salir los…

Tema 3 • Los días de trabajo

A. ¿Dónde estoy?

1. en la universidad
2. en un restaurante
3. en la universidad
4. en una oficina
5. en un restaurante

B. Diálogo.

1. (first dialog) Es secretaria.
2. Sí, porque es interesante.
3. (second dialog) Lázaro es tímido y serio.
4. Le gusta ir al bar, tomar algo con los amigos o ir a bailar.

C. ¿Qué hace Lucho?

1. Mi amigo Lucho regresa a casa después del trabajo.
2. Mi amigo Lucho prepara la cena.
3. Mi amigo Lucho lava los platos.
4. Mi amigo Lucho limpia la casa.

D. ¿A veces o todos los días?

1. Descanso por la tarde a veces.
2. Nunca trabajo los domingos.
3. Lavo la ropa todos los días.
4. Estudio para la clase de español todos los días.
5. Nunca regreso a casa a las 5 p.m.
6. Escucho la música en español a veces.

E. Entrevista.

1. Estudias en la biblioteca a veces/todos los días…
2. Los programas que miro son…
3. Prefiero…
4. Los sábados regreso a casa a las…
5. Sí, me gusta ir al café.

Tema 4 • Las preguntas

A. ¿Qué preguntas?

1. ¿Cuándo trabajas?
2. ¿Con quién hablas?
3. ¿Por qué estudias?
4. ¿Dónde comes?
5. ¿Con quién bailas?

B. Diálogos.

1. (first dialog) El sábado

2. (second dialog) Hay una fiesta para Lázaro.

D. Más preguntas.

1. Prefiero la comida mexicana…
2. Mi restaurante favorito es …
3. Prefiero las comedias…
4. Mi película favorita es…
5. Mi actor favorito es…

E. Tu compañera de clase.

1. Celina estudia matemáticas y literatura.
2. Es de México.
3. La universidad es bonita y moderna.
4. Las clases son muy interesantes.
5. Los compañeros de clase son muy agradables.

E. ¿Cómo se pronuncia?

1. r	4. rr
2. rr	5. r
3. r	

Lección 3 • La familia

Tema 1 • La casa

A. ¿Dónde vives?

(Answers may vary.)

1. Vivo en una casa muy grande cerca de la universidad.
2. Hay tres recámaras.
3. Hay un jardín.
4. Hay muchos árboles en el jardín.
5. Hay un televisor en la sala.
6. En la cocina hay una mesa y cuatro sillas.
7. En la cocina hay un refrigerador, un microondas y una estufa.
8. Tengo una computadora en mi cuarto.

B. ¿Qué hay?

1. Está delante de la ventana.
2. Hay una cómoda.
3. Está a la derecha de la cama.
4. Está debajo de la cama.
5. Hay una lámpara.
6. Hay una cómoda.

C. Diálogos.

1. (first dialog) la sala, la cocina, los baños, las recámaras
2. (second dialog) Los muebles son bonitos. Hay dos ventanas grandes. Hay baño y televisor.

D. Los verbos ser y estar.

1. estar		4. ser	
2. estar		5. ser	
3. estar		6. ser	

E. ¿A quién le gusta esta casa?

a. 2   b. 1   c. 3

Tema 2 • La familia

A. Una familia.

mi abuelo Manuel
mi abuela Delia
mi madre Lupe
mi tía Raquel
mi tío Pedro
mi hermano Daniel
mi hermana Lupe
mi primo Javier
mi prima Alicia
mi sobrino Adolfo
mi sobrina María

B. Diálogos.

barba y pelo largo

C. ¿Cómo son?

1. la mujer   4. la mujer
2. la mujer   5. el hombre
3. el hombre

D. Los verbos tener y venir y la posesión.

tiene 18 años
con su madre y viene
pero tiene ganas de
Tiene razón.
Tiene que hablar con sus padres.

Tema 3 • La vida diaria

A. ¿Cuándo?

1. los fines de semana.
   Salgo con mis amigos a una discoteca.
2. los fines de semana.
   Duermo hasta el mediodía.
3. Durante la semana.
   Salgo a las siete de la mañana.
4. los fines de semana.
   Hago viajes.
5. los fines de semana.
   Salgo muy tarde por la noche.
6. Duermo hasta las seis de la mañana.
7. Como en la cafetería universitaria.
8. Paso un día tranquilo en casa.
9. Veo mucha televisión.

B. Diálogos.

1. (first dialog) Ramón quiere correr por la mañana y leer un libro o ver una película por la tarde.
2. (second dialog) Comen en la casa de la hermana de Ramón a las 7.

C. Los verbos regulares e irregulares -er e-ir.

1. Comen.
   No es verdad. No comemos en la sala.
2. Corren.
   No es verdad. No corremos por las calles hasta muy tarde.
3. Ponen.
   No es verdad. No ponemos el televisor durante la cena.
4. Salen.
   No es verdad. No salimos por la noche.
5. Hacen.
   No es verdad. Siempre hacemos la tarea.
6. Ven.
   No es verdad. No vemos televisión toda la noche.

Tema 4 • Las actividades del momento

B. Diálogos.

1. (first dialog) sobrinos, tía
2. haciendo,
3. (second dialog) algo misterioso, luces, ruido
4. nadie, nada, no, ni, ni

C. ¿Afirmativo o negativo?

1. afirmativo   5. negativo
2. negativo   6. negativo
3. afirmativo   7. afirmativo
4. negativo   8. negativo

E. Marisa está enferma.

1. No.
2. No tiene ganas ni de comer ni de hacer nada.
3. Javier está bien. No tiene nada.
4. No, no toma nada.

F. ¿Cómo se pronuncia?

madre, de, Daniel
dama, delgada, delante, de, del, comedor
dónde, padres
de

Lección 4 • Las diversiones

Tema 1 • El tiempo libre

A. ¿Cómo pasas tu tiempo libre?

1. Levanto pesas todos los días.
2. Nunca hago ejercicio aeróbico
3. A veces corro con mis amigos.
4. En el fin de semana nado en la playa.
5. Los viernes juego a las cartas.
6. En la casa miro televisión todos los días.
7. A veces hago esquí acuático.
8. Los viernes vuelvo a casa a medianoche.

B. Diálogos.

1. (first dialog) Juegan al tenis los domingos por la mañana.
2. Juegan a las once más o menos. Porque Martín duerme hasta tarde los domingos.
3. (second dialog) Están en el café.
4. jugo de naranja, limonada, cerveza

D. ¿Qué dice Lidia?

1. Empieza el día con una taza de café. Necesita mucho café porque cuando está en la clase de matemáticas no puede dormir.
2. A veces no entiende los ejercicios.
3. Siempre sigue el libro cuando la profesora hace un ejercicio en la pizarra.
4. Mañana piensa ir al cine con su novio.

E. ¿Qué dice Lidia?

Empieza el día con una taza de café. A veces toma dos tazas. Necesita mucho café porque cuando está en la clase de matemáticas no puede dormir. A veces no entiende los ejercicios. Siempre sigue el libro cuando la profesora hace un ejercicio en la pizarra. Quiere terminar la tarea ahora porque mañana piensa ir al cine con su novio. Dicen que la película es muy buena. Después del cine van a comer a un restaurante.

Tema 2 • La vida diaria

A. Mi rutina diaria.

a. 3   d. 4
b. 5   e. 2
c. 1

B. Diálogos.

1. (first dialog) Hacen mucho ruido en la casa abandonada.
2. Se levanta a cada hora para mirar por la ventana.
3. (second dialog) Porque de día parece abandonada pero de noche salen muchos ruidos.

C. ¿Cómo te llevas con tus amigos?

1. (Sí)   Nos ponemos de mal humor siempre.
   (No)   No nos ponemos de mal humor siempre.
2. (Sí)   A veces nos peleamos.
   (No)   A veces no nos peleamos.
3. (Sí)   Nos llamamos por teléfono todos los días.
   (No)   No nos llamamos por teléfono todos los días.
4. (Sí)   Nos vemos todos los días.
   (No)   No nos vemos todos los días.
5. (Sí)   Nos llevamos muy bien.
   (No)   No nos llevamos muy bien.
6. (Sí)   Nos decimos todo.
   (No)   No nos decimos todo.

E. ¿Reflexivo o no?

1. reflexivo   4. no reflexivo
2. reflexivo   5. no reflexivo
3. no reflexivo   6. reflexivo

F. Entrevista.

1. Me despierto a las…
2. Me levanto a las…
3. Prefiero bañarme por la mañana (por la noche).
4. Me baño en…minutos.
5. No me lavo el pelo todos los días.
6. Me visto en…minutos.
7. Me acuesto a las…

Tema 3 • Los fines de semana

A. ¿Qué haces?

a. 5   d. 2
b. 1   e. 3
c. 4

B. Diálogo.

1. (first dialog) ir al supermercado, ir a la iglesia, ir al cine a las 5
2. (second dialog) Para ver la casa y mirar por las ventanas.

D. ¿Adónde vas?

1. ¿Vas al cine?
2. ¿Vas a un restaurante?
3. ¿Vas a la recámara/al dormitorio/a dormir?
4. ¿Vas al café?
5. ¿Vas al parque?
6. ¿Vas al centro comercial?

E. Entrevista.

1. Durante la semana…
2. Para divertirme en el fin de semana…
3. Los domingos vamos a…
4. Sí, nos hablamos …
5. Vamos a…
6. Pido…

F. Cuando voy a un restaurante.

1. Van a comer en su restaurante favorito, *El rancho grande*.
2. Piden cerveza o refrescos. Sirven comida mexicana.
3. Se quedan toda la noche.

Tema 4 • Los planes y las actividades recientes

A. ¿Cuándo?

1. Acabo de correr en el parque.
2. Voy a comer.
3. Acaban de jubilarse.
4. Voy a dormir.
5. Va a tener un bebé.
6. Acabo de ir al centro comercial.

B. Diálogos.

1. La casa abandonada es de Ramón y Alicia.
2. Alicia está embarazada.

D. Mis planes.

1. El viernes él y sus amigos van a ver un partido de fútbol. Después van a un café para comer un bocadillo y tomar un refresco.
2. El sábado por la mañana se va a quedar en casa. Va a trabajar en el jardín con su papá. Después va a ir al gimnasio para levantar pesas. Por la tarde después de almorzar va a ir a la biblioteca para estudiar un poco.
3. Por la noche va a ir al cine con su novia y después van a comer comida mexicana. Su novia prefiere las películas de terror pero él prefiere las comedias.
4. El domingo va a visitar a sus abuelos.
5. Acaban de jubilarse y se van a mudar a una casa en la playa.

Lección 5 • Una entrevista

Tema 1 • El tiempo y la fecha

A. ¿Qué tiempo hace?

a. 5   d. 3
b. 6   e. 1
c. 2   f. 4

B. Diálogos.

1. Olga llega a Buenos Aires el 2 de julio a las 8:14 a.m.
2. Está cerca de donde vive René.

C. ¿Lógico o ilógico?

1. lógico   4. ilógico
2. ilógico   5. lógico
3. lógico   6. ilógico

D. Números.

1. 79.892 setenta nueve mil ochocientos noventa y dos dólares
2. 131.457 ciento treinta y un mil cuatrocientos cincuenta y siete libros
3. 45.513 cuarenta y cinco mil quinientos trece bolígrafos
4. 11.321.638 once mil trescientas veinte y un mil seiscientas treinta y ocho personas
5. 58.743 cincuenta y ocho mil setecientas cuarenta y tres mesas
6. 61.215 sesenta y un mil doscientos quince estudiantes

E Fechas.

1. El 30 de noviembre de 1931.
2. El 1 de enero de 1997.
3. El 8 de agosto 1988.
4. El 21 de febrero de 1963.
5. El 4 de julio de 1776.
6. El 7 de diciembre de 1975.

F. Entrevista.

1. Mi cumpleaños es el…
2. Ese día…
3. …hago fiesta en mi casa…
4. Salgo a comer./ Invito a mis amigos a mi casa.
5. …recibo de mis padres…
6. Generalmente hace… el día de mi cumpleaños.

G. ¿Cómo se pronuncia?

cien   mía   ciencia Mario
biología   Victoria   María

Tema 2 • La ropa y los colores

A. ¿Lógico o ilógico?

1. ilógico   4. ilógico
2. lógico   5. lógico
3. ilógico   6. ilógico

B. Diálogos.

1. (first dialog) Porque Olga llegó sin equipaje.
2. (second dialog) Olga compra una chaqueta de cuero, talla 38. Cuesta 250 pesos y paga con cheques de viajero.

D. ¿Cuál prefieres?

1. No. Prefiero ésos.   4. No. Prefiero ésos.
2. No. Prefiero ése.   5. No. Prefiero ésas.
3. No. Prefiero ésa.   6. No. Prefiero ésos.

E. ¿Éste o el otro?

1. No. Prefiero los grises.
2. No. Prefiero la verde.
3. No. Prefiero la estampada.
4. No. Prefiero la de cuero.
5. No. Prefiero el de lana.
6. No. Prefiero las de rayas.

F. ¿Lógico o ilógico?

1. ilógico   4. lógico
2. lógico   5. ilógico
3. lógico   6. lógico

G. Entrevista.

1. Mi color favorito es el…
2. Uso talla…
3. Mi tienda favorita es…
4. Venden ropa cara/barata.
5. Me gusta comprar…

Tema 3 • Una solicitud de empleo

A. Datos personales. *(Answers may vary)*

B. Diálogos.

1. (first dialog) Olga estudió en Richland College, Dallas y luego en la Universidad de Texas.
2. México y Texas
3. (second dialog) Trabajó como diseñadora de publicidad para varias tiendas pequeñas y ayudante del director de publicidad de un grupo de almacenes en Houston.
4. Porque hay más oportunidades de aprender y de avanzar profesionalmente.

C. ¿Cuál es su profesión?

1. Es mesera.
2. Es programador.
3. Es enfermero/doctor.
4. Es cantante.
5. Es cajero.
6. Es actriz.
7. Es cocinero.

D. ¿Qué hiciste ayer?

1. Se levantó a las 6:00 de la mañana.
2. Se bañó, se lavó el pelo y se vistió en 10 minutos.
3. Se quedó en casa a estudiar. Leyó el periódico y luego hizo la tarea para la clase de español y estudió.
4. Almorzó a las 12:30.
5. Fue a sus clases.
6. Jugó al tenis con sus amigos y después salieron a comer.
7. Llegó a su casa a las 11:30.
8. Se acostó a las 12:00.

E. Más datos personales.

1. Nací en…
2. Hice mis estudios secundarios en…
3. Hice mis estudios universitarios en…
4. Estudié…
5. Me gradué en…

F. Entrevista.

1. Ayer me levanté a las…
2. Fui a…
3. Llegué a las…
4. …

5. Almorcé a las…
6. Hizo…

Tema 4 • El día de ayer

B. Diálogos.

1. (first dialog) La primera entrevista fue mejor.
2. Olga le dio su curriculum vitae.
3. (second dialog) La primera entrevista.
4. Olga consiguió el puesto y debe empezar la semana después de la boda.

C. Ayer.

1. Leticia vino a la universidad en el autobús.
2. Después de la clase fue a la biblioteca.
3. Buscó un libro para la clase de historia.
4. Leyó y estudió por dos horas.
5. La conoció en la cafetería.
6. Pudo practicar español con Melinda.

D. Mi entrevista de trabajo.

1. La primera entrevista de Francisco fue ayer.
2. Se puso traje azul, camisa blanca y corbata a cuadros.
3. Fue a la entrevista en autobús.
4. La entrevista fue a las 9:30.
5. Trajo café.
6. Habló dos horas con el jefe de personal.
7. Se quedó en casa por 4 horas y media.
8. Fue a la casa de su novia, fueron a comer y vieron una película.

E. Entrevista.

1. Lo/La conocí en…
2. Lo/La conocí en…
3. La última vez que hablé con él/ella fue…
4. La última vez que salimos fuimos en …

F. ¿Cómo se pronuncia?

cuero:	hard	genio:	soft
cero:	soft	gitano:	soft
cajero:	hard	gas:	hard
civil:	soft	geometría:	soft

Lección 6 • Repaso

Video Manual Answer Key

Preparación

A. ¿Qué piensa? *(Answers may vary.)*

B. En acción.

1. moderna, grande, elegante
2. se besan en la cara
3. toma el autobús
4. Marta
5. se lustra los zapatos

Los compañeros de trabajo

C. ¿Cuanto recuerda?

1. Conoce a Marta y a Hilda.
2. Es la jefa.
3. Answers will vary
4. Es la asistente
5. El apellido de Aris es García. Sí, es un apellido común.
6. Los abuelos de Randy son de Rusia.

D. ¿Prestó atención?

1. Aris la interrumpe con un fax.
2. son muy informales en la oficina

El horario y el trabajo

A. ¿Cuánto recuerda?

1. Tienen que decidir cuál va a ser el horario de Randy y qué va a hacer.
2. Prefiere empezar el día a las nueve.
3. Porque así sale más temprano y no tiene que levantarse muy temprano.
4. Sale del trabajo a las seis y media.
5. Prefiere sacar fotocopias.

B. ¿Observó Ud.?

1. una chaqueta de cuadros
2. un traje y una corbata

Una llamada telefónica

A. ¿Cuánto recuerda?

1. Randy llama a Leti, su esposa.
2. Sí, le gusta mucho.
3. Marta es muy simpática y los compañeros son agradables también.
4. Randy va a llegar a casa a las siete.
5. Leti también sale a las seis y media.
6. Sí, van a salir a cenar.
7. Van a festejar el primer día del nuevo trabajo de Randy.

C. Lo que leyó y lo que escuchó.

1. ¿Quieres salir a comer para festejar el primer día del nuevo trabajo?
2. Randy va a llegar primero. Le dice a Leti "Te espero en casa a las siete."

Tomándonos un café

B. ¿Cuánto recuerda?

1. Randy conoce a Guille, el mesero, en el café.
2. Le gusta el café con leche y azúcar.
3. Randy está en Ecuador porque se casó con una ecuatoriana que tiene un magnífico trabajo en Quito.

C. ¿Observó Ud.?

1. la Plazuela del Teatro
2. "Ahora vuelvo"

En el almuerzo

A. ¿Observó Ud.?

1. colonial
2. Marta

B. ¿Cuánto recuerda?

1. Randy tiene una hermana y dos hermanos.
2. solamente el hermano menor vive con su padre.
3. La mamá de Randy se murió hace tres años.
4. Sí, tiene dos sobrinas y un sobrino.
5. No tienen hijos porque acaban de casarse.

Una reunión con la jefa

B. Observe y deduzca.

1. Son probablemente entre las seis y las seis y media de la tarde porque Randy está listo para salir del trabajo.
2. "Nos tomamos un café por la mañana y salimos a almorzar también."

C. ¿Cuánto recuerda?

1. Antes de reunirse con Marta, Randy se despidió de Aris.
2. El día le fue bastante bien.
3. Primero conversó con Sol y organizaron el día. Luego tomó un café con los compañeros y salieron a almorzar también.
4. Sol le ayudó a organizar el día.
5. Fue a tomar un café y a almorzar con los compañeros.
6. El trabajo le gustó muchísimo.
7. Piensa que le va a ir muy bien.

Lección 7 • Los recuerdos

Tema 1 • La niñez

A. De niño.

1. niño bueno	6. niño bueno
2. niño malo	7. niño malo
3. niño malo	8. niño malo
4. niño malo	9. niño bueno
5. niño bueno	10. niño malo

B. Diálogo.

Era un buen hombre. No hablaba mucho.
Era un poco serio.

C. En la escuela secundaria. (Answers may vary.)

D. Mi niñez.

era   era

era   trabajaba

Vivía   íbamos

Vivíamos   me gustaba

Teníamos   jugábamos

Eramos   leíamos

trabajaban mirábamos

E. Entrevista.

1. …
2. Vivía con…
3. Vivíamos en…
4. Sí, pasaba mucho tiempo con mi familia.
5. Para divertirme me gustaba…
6. Sí, mis amigos y yo salíamos juntos…
7. …

Tema 2 • Las costumbres

A. En Puerto Rico.

1. cierto
2. falso.   Se usan dólares estadounidenses.
3. cierto
4. falso.   Se celebra el 4 de julio.
5. cierto
6. cierto

B. ¿Dónde?

1. Blancos Pride
2. Blancos Pride
3. Blancos Pride
4. Baby Bel
5. Baby Bel
6. Blancos Pride

C. Diálogo.

1. Era idealista. Esperaba mucho de la vida.
2. No se preocupaban por tantos problemas. No había tanta criminalidad y no se usaban las drogas como ahora.

D. La vida de antes.

se vivía

Se encontraba

Se pasaba

se divertía y se reía

era

se preocupaba

Había

se usaban

se veía

Tema 3 • Los acontecimientos

A. La madre de Francesca.

1. el noviazgo
2. la boda
3. el noviazgo
4. la luna de miel
5. a boda
6. el nacimiento
7. el divorcio

B. Preguntas.

1. Nací en 19…
2. Mi familia vivía en…
3. Mi madre tenía …años cuando nací.
4. Sí, sabía leer cuando tenía cinco años. / No sabía leer…
5. Vivía en…
6. Tenía…años.

C. Diálogo.

1. Fue grande y muy bonita.
2. Enrique llegó tarde. María creía que él tenía dudas y que no iba a aparecer.

E. ¿Pretérito o imperfecto?

1. pretérito
2. pretérito
3. imperfecto
4. pretérito
5. imperfecto
6. pretérito
7. imperfecto
8. pretérito
9. imperfecto
10. pretérito

Tema 4 • Los cuentos

A. Ricitos de oro.

1. vivía
2. Había
3. tenía
4. tenía
5. se bañaban
6. estaba
7. preparó
8. podían
9. estaba
10. Decidieron
11. salió
12. llegó
13. Tenía
14. se llamaba
15. Fue
16. estaba
17. necesitaba
18. sabía
19. contestó
20. Volvió

21. abrió
22. entró
23. vio
24. tenía
25. decidió
26. probó
27. gustó
28. gustó
29. estaba
30. probó
31. fue
32. se sentó
33. era
34. se sentó
35. tenía
36. fue
37. se acostó
38. pudo
39. se durmió
40. regresaran
41. Entraron
42. pasaron
43. empezó
44. pasaron
45. vio
46. había
47. se despertó
48. corrió
49. volvió

B. Simón Bolívar.

1. Nació en 1783 en un pueblo pobre de Venezuela.
2. Vivía con su tío porque sus padres estaban muertos.
3. Estudió las grandes ideas de los filósofos europeos.
4. Bolivia tiene su nombre.
5. En 1826 la guerra civil comenzó porque Venezuela quería separarse de Nueva Granada (hoy día la región de Colombia y Panamá.
6. Bolívar no pudo conservar la República de Colombia unida.

Lección 8 • La vida en casa

Tema 1 • Los quehaceres domésticos

A. ¿Dónde?

1. en la cocina o el comedor
2. en el jardín
3. en la cocina o el comedor
4. en la cocina o el comedor
5. en el cuarto
6. en la cocina o el comedor

B. ¿Qué hacer?

1. lavar los platos	ya
ayudar con la comida	todavía
2. regar las plantas	todavía
cortar el césped	todavía
3. preparar la comida	todavía
lavar los platos	todavía
4. lavar la ropa	ya
poner la mesa	todavía
5. pasar la aspiradora	ya
hacer las camas	ya
6. barrer el piso	todavía
poner la mesa	todavía

C. Diálogo.

limpiar la casa, lavar la ropa, ir al supermercado

E. Los quehaceres domésticos.

1. la limpio…
2. …la limpio…
3. …me ayuda a limpiarla
4. …me visitan…
5. …me invita…
6. …lo invito

Tema 2 • La comida

A. ¿Qué y dónde?

1. carne	mesa
2. postre	supermercado
3. bebida	mesa
4. legumbre	supermercado
5. carne	supermercado
6. legumbre	mesa
7. bebida	supermercado
8. postre	mesa
9. carne	mesa

B. Diálogo.

un kilo de papas, un melón

F. Mis hijos.

1. No, no quieren levantarse temprano.
2. No, no comen nada en el desayuno.
3. Comen hamburguesas y papas fritas.
4. Comen carne, pan y postre.

C. ¿Qué ingredientes?

1. huevos, tocino, cereal, jugo, café
2. pan, jamón, queso, lechuga, tomate
3. pasteles, helado, frutas
4. refrescos, jugos, vinos tinto y blanco
5. agua, zanahorias, cebollas, apios, espinacas, arroz, papas, etc.
6. carne de vaca, cerdo, pollo
7. manzanas, bananas, peras, fresas, naranjas, piña, etc.

G. Mandatos.

1. Levántense temprano.
2. Desayunen.
3. No coman hamburguesas y papas fritas.
4. No coman dulces.

Tema 3 • En la cocina

B. Recetas.

Camarones ricos
    cucharadas de mantequilla
    ajo mezclado
    pimienta roja
    kilo de camarones
    jugo de limón
    vino blanco
    cucharadita de sal

Torta de naranja
    1 kilo
    azúcar
    huevos grandes
    1/2 taza
    3 cucharadas
    harina
    2 cucharaditas
    2 tazas de jugo de naranja
    crema

C. Diálogo.

1. derretir la mantequilla
2. yema

E. Más mandatos.

1. Por favor, límpialo.
2. Por favor, no lo metas en el refrigerador.
3. Por favor, ponla.
4. Por favor, no lo comas.
5. Por favor, lávalos.
6. Por favor, escúchame.
7. Por favor, hazla.
8. Por favor, léelo.
9. Por favor, no la tomes.

Tema 4 • Las diferencias y semejanzas

A. ¿Sabes lo que comes?

1. falso. La leche descremada tiene menos grasa que la leche entera.
2. cierto
3. falso. La carne tiene más proteína que las frutas.
4. falso. Los refrescos tienen menos proteína que la leche.
5. cierto
6. cierto
7. falso. El té es peor para la salud que el agua.
8. falso. Las legumbres tienen menos proteína que la carne.

B. Diálogo.

1. Sí, parecen gemelas.
2. Francesca es mayor. Graciela es más alta.

D. ¿Quién es?

1. …. es la mejor canción del año.
2. … es el mejor grupo musical del año.
3. … es la mejor película del año.
4. … es el actor más guapo.
5. … es la peor película.
6. … es la actriz menos interesante.
7. … es la ciudad más interesante de los Estados Unidos.
8. … es la lengua más bonita del mundo.
9. … es la mejor universidad de los Estados Unidos.
10. … es el deporte más aburrido.

E. Entrevista.

1. …pienso mucho en mi salud…
2. …hago ejercicio…
3. Hago…
4. Como más…
5. Como menos…
6. Bebo más…
7. Es peor…

Lección 9 • Un viaje

Tema 1 • Los preparativos

A. ¿Lógico o ilógico?

1. ilógico
2. lógico
3. ilógico
4. ilógico
5. lógico
6. lógico
7. ilógico

B. Asociaciones.

1. la estación de ferrocarril
2. el banco
3. la agencia de viajes

4. el puerto
5. la estación de autobuses
6. el centro comercial

C. Diálogo.

1. listo
2. agradables

D. De vacaciones.

a. 4   c. 3
b. 2   d. 1

E. Durante las vacaciones.

1. no   4. no
2. sí   5. sí
3. no   6. sí

F. Después de las vacaciones.

1. El hotel perdió nuestra reservación.
2. Los niños se divirtieron en Barcelona.
3. Alejandro comió algo malo.
4. Gastamos todo el dinero.
5. Fue un viaje agradable.
6. Vimos muchas cosas interesantes.

Tema 2 • En el hotel

B. Diálogo.

1. Tiene baño y el desayuno está incluido. Cuesta 9.500 pesetas.
2. Subir al segundo piso y al salir del ascensor doblar a la izquierda.

C. El hotel.

1. habitación   5. habitación
2. ascensor   6. baño
3. cama   7. cama
4. ascensor   8. desayuno
          9. baño

D. Los planes.

1. para, falso. Quiere ir a Francia para practicar francés y probar la comida francesa.
2. para, falso. Quiero esquiar en las montañas.
3. para, cierto
4. por, falso. Necesitan una habitación por10 días.
5. para, cierto
6. para, falso. Van a reservar una habitación para la próxima semana.
7. por, falso. Dijo que una habitación valía 350 francos
8. por, por, falso. París está muy lejos y no está en el camino.

Tema 3 • Las direcciones

A. El mapa.

You will hear two sets of directions. Look at the map of Madrid in your Lab Manual and imagine you are leaving the Biblioteca Nacional y Museo Arqueólogico. Trace the directions you hear and indicate where you end up.

1. Banco de España
2. Palacio de Justicia

B. Diálogo.

1. 1,2 pesetas
2. 20.000 colones

C. ¿Dónde estás?

1. la gasolinera
2. la oficina de correo
3. el teléfono público
4. la agencia de viajes.
5. el hospital
6. la farmacia
7. el quiosco de periódicos
8. la peluquería

E. ¿Quién podría ser?

1. A…le interesa estudiar lenguas.
2. A…le encanta comer pizza.
3. A…le molesta jugar con niños.
4. A…siempre le falta tiempo.
5. A…y a …no les interesan las mismas cosas.

F. Me gusta España.

1. todas las actividades culturales: el teatro, el cine, los museos, los espectáculos. Y también le gusta la comida española.
2. las playas
3. dinero

Tema 4 • En el restaurante

A. En el restaurante.

1. antes   5. antes
2. después   6. después
3. antes   7. después
4. antes

B. Diálogo.

1. Los niños van a comer chuletas con puré de patatas.
2. La Sra. Loya pide paella sin mejillones y el Sr. Loya pide bistec con zanahorias y puré.

C. Tipos de comida.

1. postres
2. plato principal
3. verduras
4. verduras
5. plato principal
6. verduras
7. verduras
8. entremés
9. postres

F. Mi viaje.

1. Fue a visitar a su mejor amiga Mónica.
2. Era el cumpleaños de su amiga. Quería ir a visitarla y a invitarla a cenar en su restaurante favorito.
3. Salió a las 5 de la tarde.
4. Sus compañeros de clase la habían invitado al café.
5. La pasaron muy bien.

Lección 10 • En la carretera

Tema 1 • Las sugerencias

A. Una guía turística.

Look at the photographs of tourist spots in Spain on page 350 of your textbook. As you hear a guide describe each place, write its name in the space provided.

1. Montserrat
2. La Sagrada Familia
3. Pamplona
4. La Alhambra
5. La catedral de Sevilla
6. El acueducto de Segovia

1. 45
2. 1891 y 1926
3. 7
4. XIII
5. 1402 y 1506
6. 128

B. Diálogo.

1. el Señor Loya
2. Alejandro
3. Alejandro y Leti
4. la Señora Loya

C. ¿Una descripción o una sugerencia?

1. una sugerencia   Comamos
2. una descripción   Nos levantamos
3. una descripción   Hacemos
4. una descripción   Salimos
5. una sugerencia   Hagamos

F. Las vacaciones.

Él: visitar las ruinas mayas de México
Ella: ir a la costa, ir a Cancún

Tema 2 • En el coche

A. El coche.

1. el parabrisas
2. el cinturón
3. los frenos
4. el maletero
5. el volante
6. el tanque

B. Letreros.

a. 3   d. 5
b. 6   e. 2
c. 1   f. 4

C. Diálogo.

1. Alquilan el coche por 2 días.
2. Necesita darle su permiso de conducir.
3. Necesitan llenar el tanque.

D. ¿Quién debe hacerlo?

1. su esposo   5. su esposo
2. su esposo   6. la señora Loya
3. la señora Loya   7. la señora Loya
4. la señora Loya   8. su esposo

F. En el taller.

1. Necesita que le revise los frenos.
2. Quiere que cambie el aceite.

Tema 3 • En la calle

A. Seguro para el carro.

1. Necesito comprar seguro para mi nuevo coche.
2. En la calle donde vivo, el límite de velocidad es de ... millas por hora.
3. Hay (No hay) muchos peatones en mi calle.
4. Hay (No hay) un semáforo en la esquina de mi calle.
5. Hay estacionamiento donde vivo. / Tengo que estacionar mi coche en la calle.
6. He recibido ... multas este año. / No he recibido una multa este año. / Nunca he recibido una multa.
7. Mi último accidente fue .... / Nunca tuve un accidente.
8. Sí, sé dar primeros auxilios. / No sé dar primeros auxilios.

B. Diálogo.

1. La Sra. Loya habla con sus hijos.
2. Quiere quedarse en la acera.
3. Va un poco más arriba para ver mejor.
4. Alejandro va con su papá.

C. ¿Lo cree o lo duda?

1. Lo cree.   indicativo
2. Lo duda.   subjuntivo
3. Lo cree.   indicativo
4. Lo cree.   indicativo
5. Lo duda.   subjuntivo
6. Lo cree.   indicativo
7. Lo cree.   indicativo

E. Un reportaje.

1. Ha habido un accidente muy grave con ocho automóviles.

2. Tres ambulancias ya han llegado y la policía ha pedido dos más.
3. Dicen que el conductor del segundo automóvil y los pasajeros del tercero están gravemente heridos.
4. No hay incendio pero han llamado a los bomberos porque hay mucha gasolina en la carretera.
5. Está completamente bloqueado y habrá una larga demora.
6. Se llama Federico Alonso.

Tema 4 • Los medios de transporte

A. En la estación de ferrocarril.

1. Venden los boletos en la taquilla.
2. Hay taxis en la parada de taxis.
3. Puede dejar las maletas por unas horas en la consigna automática.
4. Puede ver a qué hora salen los trenes en el horario.
5. Tienen que presentar los pasaportes en el control de pasaportes.

C. Diálogo.

1. Hay trenes a las 7:05, a las 9:51 y a las 11:25.
2. La señora Loya teme llegar tarde para el vuelo.

E. ¿Qué buscan Uds.?

1. non-specific   subjunctive
2. specific   indicative
3. non-specific   subjunctive
4. specific   indicative
5. specific   indicative
6. non-specific   subjunctive
7. specific   indicative

F. Un estacionamiento.

1. Buscan un lugar donde se pueda estacionar por unas horas.
2. Bajan por la calle enfrente de ellos y van a la derecha en el segundo semáforo.

Lección 11 • La salud

Tema 1 • El estado físico

A. El cuerpo humano.

a.	3	e.	6
b.	8	f.	1
c.	2	g.	4
d.	5	h.	7

B. Diálogos.

1. (first dialog) la espalda, las rodillas, los pies
2. (second dialog) Quítate los zapatos. Remójate los pies.

C. ¿El presente, el pasado o el futuro?

1. el presente   Tengo
2. el pasado   quedé
3. el futuro   haré
4. el pasado   Trabajé
5. el futuro   Iré
6. el presente   estoy
7. el futuro   Estaré

D. En el futuro.

1. Estaré (No estaré) aquí durante el verano.
2. Tendré (No tendré) que trabajar.
3. Podré (No podré) descansar un poco.
4. Este verano viviré en…

E. El itinerario.

10:00   Saldremos para el Palacio de Bellas Artes y el Zócalo.
12:00   Almorzaremos cerca del zócalo.
14:00   Iremos al Museo Nacional de Antropología en el Parque de Chapultepec.
17:00   Regresaremos al hotel para descansar.
20:00   Iremos a la plaza Garibaldi para escuchar a los mariachis.

Tema 2 • La salud y la vida moderna

A. La vida moderna.

1. el alcoholismo
2. la intolerancia
3. la narcomanía
4. la pérdida de un ser querido
5. la incertidumbre
6. el estado de ánimo
7. el desempleo
8. la depresión

B. Diálogo.

el estrés, presión
la violencia
los drogadictos
1. Trabajaría en una clínica privada.
2. No tendría que enfrentarse a los problemas que ve en el hospital. / No habría tantos casos tristes.

C. En un mundo mejor.

1. Tendríamos enfermedades
2. habría, niños golpeados
3. drogadictos podrían
4. El odio y la intolerancia
5. desempleados encontrarían
6. se sentiría tranquila
7. en incertidumbre o con depresión
8. estarían, estado de ánimo

D. En una clínica privada.

1. el presente   Hay
2. el condicional   Sería
3. el condicional   Podría
4. el condicional   Conocería
5. el presente   veo
6. el presente   Es
  7. el condicional   Ganaría
  8. el condicional   Trabajaría
  9. el presente   estoy
10. el condicional   Echaría

Tema 3 • El bienvivir

A. En el campamento de verano.

(Answer may vary. Some possible answers are given below.)

1. Remé en el lago ayer.
2. Patiné anteayer.
3. Jugué al boliche con mis amigas la semana pasada.
4. Caminé por dos horas esta.
5. Nunca he meditado.
6. Nunca he jugado al hockey.
1. los brazos, el pecho
2. las piernas, los brazos
3. los brazos, las manos
4. las piernas, los brazos
5. la cabeza
6. las piernas, los brazos

B. Diálogo.

el patinaje
la jardinería
la natación
1. ese lago.
2. nadar y a hacer todos los deportes que vio en los Juegos Olímpicos.

C. ¿Futuro o condicional?

1. el futuro   podré
2. el condicional   correría
3. el condicional   iría
4. el futuro   haré
5. el futuro   tendré
6. el condicional   tendría

1. No podrá correr mañana.
2. Normalmente correría doce kilómetros mañana.
3. Después de correr iría a bailar mañana por la noche.
4. Con la ampolla no podrá hacer nada.
5. Tendrá que comprar zapatos nuevos.
6. Con otros zapatos no tendría la ampolla.

D. Los dolores abdominales.

1. abdominales
2. la leche
3. sea la causa del problema
4. no coma mucho antes de hacer ejercicio
5. espere media hora después de comer
6. beba mucha agua antes y durante el ejercicio

Tema 4 • La atención médica

A. Una herida.

1. se corta el dedo
2. la herida
3. la sangre
4. curita

C. Diálogo.

1. Necesitan radiografías o antibióticos. A veces necesitan cirugía.
2. A veces tiene dificultad para respirar. También estornuda mucho.
3. Podría ser alergias. Le puede recetar unas gotas para la nariz y unas pastillas.

D. Una semana activa.

1. vayas al parque con tus hijos
2. estés viendo, estira los brazos y las piernas
3. vas al centro comercial, cuando termines las compras
4. vas al cine, den un paseo
5. se dedica, lo lleves

E. ¿Qué harás?

1. Cuando me gradúe…
2. Cuando no tenga que estudiar todos los días la vida será…
3. Cuando tenga más dinero…
4. Cuando tenga vacaciones iré a…
5. Cuando sepa hablar bien el español haré un viaje a…
6. Cuando me jubile…
7. Para mantener la buena salud cuando tenga setenta años…
8. Cuando termine este ejercicio…

F. ¿Cómo será?

1. Le gustará…
2. Los fines de semana…
3. Se levantará a las…
4. …practicará …
5. Tendrá…
6. Su color favorito será…

Lección 12 • Repaso

Video Manual Answer Key

Preparación

A. Antes de ver. (*Answers may vary.*)

B. En acción.

1. en la lavandería, a mano
2. en el balcón de su casa
3. lee el periódico
4. agua mineral

Cassandra está de jefa

B. ¿Cuánto recuerda?

1. Emilio va a estar fuera de la oficina porque tiene una reunión con la gente de *Proctor and Gamble*.
2. Quiere que Cassandra les comunique a todos lo que tienen que hacer.
3. Quiere que todo el mundo se dedique a un proyecto especial.
4. El cliente importante es Ecuatoriana de Aviación.
5. La reunión es esta tarde.

C. Lo que leyó y lo que escuchó.

1. ¿Quiere que haga algo en especial?
2. Así que debemos tener esto listo para la reunión que con ellos tendremos esta tarde.

D. ¡Qué bien habla!

Cassandra should review the use of **Tú** and **Usted.** Explanations will vary.

Un empleado nuevo

A. ¿Cuánto recuerda?

1. Necesita el empleado nuevo lo más pronto posible.
2. No, no puede terminar los proyectos grandes con la gente que tiene.
3. Necesita tener un título universitario y un poco de experiencia. Y tendría que ser bilingüe.
4. Cassandra sugiere que escriban un anuncio para poner en el periódico.
5. José Luis lo va a llevar directamente al Comercio para que salga en el número de mañana.

C. Lo que leyó y lo que escuchó

1. Tenemos tres o cuatro proyectos grandes que nos llegan esta semana y no los podemos terminar con la gente que tenemos.
2. ¿Por qué no escribimos el anuncio ahora mismo, y lo llevas directamente al Comercio para que salga en el número de mañana?

D. ¡Qué bien habla!

calidad / cualidad
(*Explanations will vary.*)

El jefe regresa

A. ¿Cuánto recuerda?

1. Eddie ha hecho dibujos nuevos y el texto está listo también.
2. Todavía no se sabe cuántos vuelos diarios hay.
3. Los colores están seleccionados y la composición está hecha.
4. Lo único que falta es que Emilio lo revise todo y entonces Federico lo llevará al impresor.

C. Lo que leyó y lo que escuchó.

1. Andy dejó ese espacio en blanco para poder agregar esa información al último momento.
2. Lo único que falta, aparte de los vuelos, es que lo revises todo y entonces Federico lo llevará al impresor.

Posibles anuncios

B. ¿Cuánto recuerda?

1. Emilio quiere saber qué opinan los demás sobre el anuncio.
2. A Federico le gusta. Dice que los colores funcionan y que el diseño está buenísimo.
3. Dice que los colores funcionan.

C. ¿Observó Ud.?

1. Moncho no está del todo convencido que el anuncio funciona. Dice "…no sé si es un anuncio que llama la atención."
2. Sí, los otros miembros del equipo logran convencerlo. Al final dice "Está bien."